CONFESIONES DE UN CORAZÓN TRANSFORMADO

Nancy D. Sheppard

A no ser que se indique alguna alteración, todas las referencias bíblicas usadas fueron tomadas de la Santa Biblia, Antigua Versión de Casiodoro de Reina (1569) revisado de 1960.

Fotografía y Arte de la Portada: Heidi Sheppard

Los nombres de algunas de las personas mencionadas en el libro han sido cambiados para mantener su privacidad.

CONFESIONES DE UN CORAZÓN TRANSFORMADO
Copyright © Nancy D. Sheppard

Título de la versión original:
Confessions of a Transformed Heart ©2010, Nancy Sheppard. Derechos reservados.

Traducción y adaptación por Laura Vargas Monje.

Ninguna parte de este libro puede ser reproducida, almacenada en un sistema de recuperación, o enviada de manera electrónica, mecánica, digital, fotocopiada, grabada o de cualquiera otra forma—a no ser que se use solamente pequeñas citas en documentos impresos—sin el permiso previo de la autora. (Confessions@sheppardsmissions.org)

La versión original: **Confessions of a Transformed Heart** está también disponible como e-book, para audio-descargo y en audiolibro.

Published by Sheppard's Books, Minneapolis, MN, USA
http://www.sheppardsbooks.com

Historia misionera: No ficción
Historia del conflicto liberiano
ISBN: 978-1-940172-09-5
Sheppard, Nancy, 1960-

Este libro está dedicado a Mark
John-Mark, Melodie
Nathan, Heidi, Jared y Jonah

Índice

Prólogo 1
Capítulo 1: En el Principio 3
Capítulo 2: ¡Liberia, Aquí Vamos! 15
Capítulo 3: El Alboroto del Arroz 25
Capítulo 4: Una Guerra No Tan Civil 29
Capítulo 5: Refugiados 39
Capítulo 6: La Confrontación 53
Capítulo 7: Heidi 67
Capítulo 8: Sorprendida por el Poder de la Oración 71
Capítulo 9: El Vaciamiento 79
Capítulo 10: Enamorada 91
Capítulo 11: Buenas Noticias 95
Capítulo 12: Paciencia 101
Capítulo 13: Mamá 107
Capítulo 14: La Creación de un Hombre 113
Capítulo 15: Convirtiéndome en la Hija de Sarah 121
Capítulo 16: La Prueba de Fuego 125
Capítulo 17: Por Fin de Vuelta 133
Capítulo 18: La Trampa Se Cierra 137
Capítulo 19: Las Actualizaciones 143
Capítulo 20: Cosas Tontas 151
Capítulo 21: Merri 157
Capítulo 22: Los Hechos de la Vida 167
Capítulo 23: Tomando la Gracia 177
Capítulo 24: El Veneno Para Ratones 181
Capítulo 25: Preston 185
Epílogo 197
Apéndice 1: Peticiones Intercesoras de Oración por Liberia 205
Apéndice 2: Cómo Ser Cambiado Desde Adentro Hacia Afuera 207
Apéndice 3: La Adopción 213
Apéndice Cuatro: Preguntas de Reflexión 221
Bibliografía 231

Prólogo

"Si tú sientes que no *puedes* regresar, no lo haremos. Pero si tú simplemente no quieres, sí regresaremos. Entonces, ¿cuál de los dos es?"

En vez de sentir el alivio esperado de poder decir—por fin, por fin, *por fin* podré salir de mi horrible lío—en un momento de completo silencio, mientras mi esposo esperaba mi respuesta, me di cuenta que, mi futuro, al igual que el futuro de mi familia entera, dependía de las palabras que iban a salir de mi boca.

Realmente estaba en una situación seria. Siendo misioneros en Liberia, durante el último año habíamos vivido en Costa de Marfil, ubicado al lado de Liberia, trabajando con los refugiados de lo que se estaba convirtiendo en una de las más brutales guerras civiles en África. Era horrible.

El trabajo significativo que hacíamos para la gente pobre y herida por la guerra, aunque la gente piense que sí, *no* era *nada* romántico, más bien, se podría decir que era todo lo contrario. Los refugiados de guerra eran simplemente personas. Personas que fueron sacadas de sus hogares, de sus pertenencias materiales y de todo lo que representa una vida normal. La humanidad en toda su crudeza—sin ningún material de ayuda. Mis cosas de utilidad tampoco estaban. En vez de la esposa alegre, estilo Proverbios 31, yo me imaginé a mi misma siendo una miserable, deprimida, fastidiosa sombra.

El vivir con miles de refugiados de guerra no era lo que yo había tenido en mente cuando me ofrecí como voluntaria al servicio misionero hace 10 años. Algo natural en mí era tener todo organizado, sin embargo, ni mi plan de vida, plan para los 10 o 5 años, un año, una semana o un día, incluía trabajar con gente grandemente necesitada que no sólo era mal agradecida sino que les era muy fácil criticar todo. ¡Esta gente no me merecía!

¿Acaso un Dios de amor podría pedirme que viva en un lugar donde me encontraba con esta miseria abismal? ¡Seguro que no! Además, ¿cómo había terminado yo, una chica de Whitewater, Wisconsin, en el quinto infierno de la tierra?

Capítulo 1: En el Principio

Yo he sido bendecida desde el momento de la concepción—tengo una hermana gemela—y nunca había pensado seriamente que Dios me pediría que haga algo muy, muy difícil.

Las bebés, Nancy y Karen Brushaber

Mis padres, Melvin y Ellen Brushaber, criaron a mis tres hermanos, a mi hermana y a mí en una renovada casa de verano al lado de un precioso lago. Los veranos cálidos y relajantes estaban llenos de actividades, nadábamos y bronceábamos nuestra piel blanca hasta que quedaba de color café, echados sobre antiguas toallas de playa. El otoño traía con él las clases, clases de música y los amigos. Lo más emocionante del invierno era Navidad y toda su magia. La abuela, rodeada por una familia grande, ponía la cena tradicional de ganso al horno al medio de la mesa, junto con un montón de platos humeantes. La tía Shirley leía la historia de Navidad de la Biblia, mientras el budín de arroz danés cocía en la cocina. Con la primavera llegaba Pascua, que traía con ella vestidos especiales y cultos en la iglesia. Verano, otoño, invierno, primavera—lo amaba todo.

"Cuando tú oras, estás hablando en serio", me dijo un amigo de mi universidad cristiana. Y es verdad. Dios había sido muy real para mí desde el momento que lo acepté en mi corazón cuando tenía 5 años. Dios mandó a su hijo, Jesús, para que sea un sacrificio por mis pecados, así me lo había explicado mi mamá. Jesús murió esa horrible muerte en la cruz por *mí*. Esa noche, Karen y yo volvimos a nacer y entramos a la familia de Dios a través de fe en Jesucristo, el Salvador del pecado, convirtiéndonos en gemelas por segunda vez.

Toda mi niñez y juventud me involucré en cualquier programa o actividad que había en la iglesia, ya que en mi hogar se daba mucha importancia al servicio cristiano, al igual que en mi colegio y universidad cristiana. Mi familia era la primera en llegar a la iglesia (¡teníamos la llave!), y la última en salir. Yo era parte de OANSA y gané premios por memorizar versículos. Al llegar ya a la pre-promoción y a la promoción, yo tocaba piano durante la alabanza y era muy dedicada al programa ocupado de jóvenes.

Ya que era extremadamente consciente de lo que las otras personas pensaban de mí, no me metía, ni me acercaba, a nada que podría traer cualquier problema. Yo quería que Dios dirija mi vida de acuerdo a su plan, y se lo decía regularmente. Desde una temprana edad yo sabía que Dios quería que yo trabaje en a tiempo completo en el servicio cristiano. Sea lo que sea. Donde sea. Yo era la típica "chica buena" bautista.

Aunque era bautista, Mark Sheppard no era el típico "chico bueno"; sin embargo, cuando nuestros caminos se cruzaron en la universidad cristiana, en donde los dos estudiábamos, nos llevamos bien desde el principio y nos volvimos buenos amigos. Mark tenía un gran sentido del humor que me encantaba. Él era un chiste, alguien que cuando era niño, había pasado mucho tiempo en la oficina del director. Él me entretenía por horas, contándome historias de huesos fracturados, accidentes y logros del pasado y el presente. Mark era un estudiante excelente, algo que yo admiraba, y hacía algo que yo nunca hacía, cuestionaba las cosas. Mark me fascinaba.

Aunque éramos diferentes en muchas maneras, teníamos algo en común que era más importante que cualquier diferencia que podía existir. Los dos realmente amábamos al Señor y queríamos todo lo que Él quería hacer con nuestras vidas. No existía ninguna presión romántica dentro de nuestra relación porque él estaba planeando casarse con mi amiga, que estaba descansando por un semestre. Entonces, con mucha inocencia, reímos y jugamos juntos, sabiendo que era algo temporario. Cuando regresó la novia de Mark, su relación oficialmente terminó. Con el tiempo, nuestra amistad se convirtió en amor y yo me di cuenta que era algo más que eso. Mark Sheppard era el que Dios había elegido para mí.

Mark era todo menos la persona aburrida y seria con la que yo pensé que me iba a casar. (¡Después de todo, yo quería servir a Dios, y eso era algo sumamente serio!) Me gustaría que la gente me hubiera regalado 10 dólares cada vez que alguien me advertía, diciéndome que casarme con Mark era un riesgo que seguramente no me estaba dando cuenta que estaba tomando. Sus terribles advertencias confirmaron algo: Mark me necesitaba. "La Señorita Niña Buena" ayudaría al "Señor Payaso Intelectual" a convertirse en el hombre temeroso de Dios que debía ser. Qué gran bendición recibió él cuando yo entré a su vida.

El 21 de junio, en Whitewater, Wisconsin, un día de verano absolutamente perfecto, Mark y yo nos casamos. Tanto sonreír, la cara me dolía. La canción *"Señor, Mándame Dónde Sea"*, fue cantada bellamente, y todas las palabras singulares fueron cambiadas a plurales. Yo no tenía ni la menor idea que Dios nos iba a tomar tan en serio.

<u>Señor, Mándame Donde Sea</u>
O Señor, ya que Tú moriste
Y te entregaste por mí,
Ningún sacrificio sería muy difícil hacer por Ti,
Por lo que Tú has hecho por mí.

Sólo tengo una vida,
Y esta pasará;
Quiero que mi vida sea para Cristo,
Lo que se hace para Él durará.

Te sigo, mi Señor,
Gloria a Tu cruz;
Feliz dejo al mundo atrás
Y veo a todo lo ganado como pérdida.

Coro:
Señor, mándame dónde sea, pero anda conmigo;
Pon en mi cualquier carga, pero agárrame.
Desamarra cualquier lazo, menos aquel lazo que me une a Tu corazón;
Señor Jesús, mi Rey, te doy mi vida a Ti, Señor.[1]

Me gradué de la universidad con una licenciatura en Educación de Artes Plásticas durante nuestro primer año de

---

[1] Versión original: David Livingstone y Faye Springer Lopez, "Lord Send Me Anywhere," Greenville, SC, Musical Ministries/ Majesty Music, 1978. Versión traducida: Laura Vargas Monje.

matrimonio. Durante ese tiempo, Mark, que se había graduado en Ingeniería de Telecomunicación, mandó su curriculum a un ministerio cristiano de radio al otro lado de los Estados Unidos. Quedó sumamente extrañado cuando no recibió una respuesta. Aparentemente, durante el tiempo que él había estado estudiando, la gran locura y emoción por la radio cristiana, había pasado. Ya que no había ningún trabajo disponible en su área de trabajo, no había otra opción que la de mudarnos de vuelta a Minneapolis, de donde venía Mark, después de la graduación, y esperar que Dios nos guíe.

1981- La graduación de Nancy de la Universidad Bob Jones

Mark, que es muy hábil en todas las áreas eléctricas, trabajó de electricista, mientras yo enseñaba inglés, Biblia y artes plásticas en un colegio cristiano. El año escolar iba avanzando, y nos sentíamos muy desalentados. Nos estaba yendo bien económicamente, pero estábamos seguros que Dios tenía algo más para nosotros que este diario vivir que consistía de un horario de las 9 a.m. hasta las 5 p.m. Pero, ¿qué?

En febrero de 1982, nuestra iglesia, Valley Baptist of Golden Valley, Minnesota, tuvo una conferencia que duró una semana, con el invitado Dr. Allan Lewis, un hombre de Dios con una pasión por el campo de misiones en todo el mundo. Él era el presidente de Baptist Mid-Missions, una agencia bautista que representa a más de 1100 misioneros que están ubicados por todas partes del mundo. Una de las noches, mencionó un ministerio de radio en Italia. Ese momento, estábamos sumamente atentos.

Nosotros conversamos con Dr. Lewis en privado y fue una charla muy interesante. Aunque los misioneros en Italia estaban usando la radio para compartir las Buenas Nuevas, algo que era un gran ministerio para aquellas personas en Italia, él conocía otra situación que podía ser otra posibilidad para nosotros. Los misioneros de Baptist Mid-Missions en Liberia querían que salga al aire las enseñanzas Bíblicas en los idiomas nativos. Necesitaban a alguien que era hábil en el área tecnológica y que pueda programar y manejar un programa de radio en el centro del país. Dr. Lewis sentía que Mark era el hombre perfecto para el trabajo ya que tenía una educación en esa área. Ya que nosotros sentíamos que Dios nos estaba guiando por ese lado, mandamos nuestra solicitud a la misión y fuimos aceptados en julio de 1982.

Nos intrigaba la historia de Liberia, sobre la cual conocíamos muy poco antes de decidir ir allá. A diferencia de cualquier otro país en el mundo, la historia de Liberia estaba íntimamente conectada a la de los Estados Unidos, convirtiéndola en nuestra historia también.

En los principios de los 1800s, unas cuantas décadas antes de la sangrienta Guerra Civil de los Estados Unidos, una perpleja serie de preguntas empezó a dominar las conversaciones en las casas de muchas personas, al igual que en bares y en reuniones políticas. No es sorpresa alguna que, dada la gran división que existía sobre este tema en particular, las preguntas eran sobre la esclavitud.

Durante esos tiempos no había muchas personas que siquiera consideraban la abolición de la esclavitud como una posibilidad. La mayoría de los americanos de piel negra eran esclavos y vivían sin poder disfrutar de la libertad ni de los derechos civiles. Ellos eran propiedad, no personas. Pero, y aquí estaba el problema, existía un grupo que iba creciendo más y más, de gente que era negra y libre—que llegaron a serlo por haber comprado su libertad o porque su dueño los había liberado. La pregunta era, ¿qué se debería hacer con esa gente, con aquellos que ahora eran libres? Algunas personas estaban convencidas que debido a la gran discriminación que existía contra los esclavos liberados, ellos nunca podrían integrarse exitosamente a la sociedad americana. Otras pensaban que por el color de su piel y su herencia, los esclavos liberados no tenían derecho ni siquiera de esperar recibir el mismo trato que las otras personas recibían ante la ley. Existía un grupo de gente blanca que estaba preocupada por la situación y que sentía que la repatriación era la solución más obvia al "problema" del esclavo liberado.

En 1816, la Sociedad Americana de Colonización, la SAC, se formó. Los socios, que eran todos blancos, estaban motivados por diferentes aspectos como el prejuicio, el miedo y la filantropía. Ellos trabajaron juntos y después de mucho trabajo duro, la formación de planes y el reclutamiento, en 1820, ochenta y ocho esclavos liberados, acompañados por tres miembros de la SAC, emprendieron el viaje hacia la costa de África.

No es sorprendente que hubo problemas y que no todo resultó tan simple como se había esperado. Sin poder encontrar a alguien que les venda tierra, los supuestos "colonos" fueron forzados a encontrar refugio en una pequeña isla a poca distancia de Sierra Leona. Muchos murieron de malaria o de alguna otra enfermedad que se encontraba en este clima que era tan nuevo para ellos. Finalmente, después de muchos meses, debido al ejercicio de la coerción, una de las autoridades locales vendió un pedazo de tierra a la Sociedad.

Durante los próximos años después de aquel primer viaje, una mezcla de diferentes tipos de personas se agregó a esta nueva colonia que se estaba formando. Incluidos estaban los esclavos recién liberados (algunos que fueron liberados sólo con la condición de que regresen a África), los que nacieron libres—incluyendo algunas personas que estaban siendo específicamente entrenados en instituciones de los Estados Unidos, para que puedan realizar su destino apropiadamente en África—y aquellas personas que fueron rescatadas de barcos llevando esclavos, cuyo cargamento fue declarado ilegal.

Esta nueva colonia, llamada Liberia, adoptó como su refrán, "El amor por la libertad nos trajo aquí". Monrovia, la capital de Liberia, fue nombrada en honor a James Monroe, el quinto presidente de los Estados Unidos y un entusiasmado partidario del proyecto.

Obviamente, los nuevos colonos nunca habían vivido en África, es más, cuando llegaron, se dieron cuenta que no eran africanos para nada. Eran americanos. Ellos hablaban, pensaban, vivían, vestían y sobrevivían de una manera muy diferente a la de la gente que vivía allí. Muchos de los nuevos colonos tenían una notable herencia blanca y ni siquiera se parecían a la gente de África.

Los colonos, que no habían tenido ningún otro ejemplo de vida más que el que habían visto por experiencia propia, adoptaron el modelo de un dueño de esclavos del sur de los Estados Unidos, moldeando sus vidas y las relaciones con la gente indígena para que sea como la que ellos habían vivido. Algunos de ellos no veían ni un poco de ironía en la situación cuando esclavizaban a la gente que vivía allí. Y, a diferencia de un esclavo africano en el sur de los Estados Unidos, un esclavo de este nuevo grupo de gente élite que estaba surgiendo, era una comodidad que era muy fácil y barata de reemplazar.

Incluso con la explotación de la gente indígena, el empezar una nueva vida en este nuevo lugar, no era nada fácil para los colonos. Cada año las lluvias torrenciales que llegaban por meses, arruinaban bienes que sólo podían ser importados. Las enfermedades, a las cuales su cuerpo no tenía la resistencia natural, eran una amenaza diaria. Y ninguna de las ideas de ser un esclavo libre les había preparado para vivir en una tierra

En el Principio

nueva donde eran completamente ignorantes en sentido a la gente, sus idiomas indígenas y sus costumbres.

De cualquier manera, los colonos prosperaron económicamente. Hermosas casas elegantes, rodeadas por anchas barandas fueron construidas. Sus hogares y vestimenta, incluso los guantes finos y paraguas bordados, eran aspectos que reflejaban su vida pasada en el sur de los Estados Unidos.

Los miembros de la SAC, al igual que los esclavos liberados, pensaban que el Cristianismo llegaría a la gente que ya vivía allí como un resultado de esta reintegración a África. Hermosas iglesias con campanas fueron construidas. Los nuevos colonos, la mayoría que había llegado del sur de los Estados Unidos, sabían que ir a la Iglesia los domingos era lo correcto. Sin embargo, en vez de llegar a guiar a la gente de las tribus al Cristianismo en vez del espiritismo que ellos seguían, los "américo-liberianos", como eran llamados, agregaron el espiritismo de los indígenas al cristianismo tradicional y el espiritismo que conocían antes de reintegrarse a África. De manera parecida, los indígenas juntaron su espiritismo tradicional con esta nueva mezcla de espiritismo y cristianismo.

Liberia, que es más o menos del mismo tamaño del estado de Tennessee, se convirtió en una nación independiente en 1848. Su constitución seguía el mismo patrón que el de los Estados Unidos. Su bandera tiene una sola estrella en el área azul, que está encima de rayas rojas y blancas, y sigue el mismo patrón que la bandera americana, la "Old Glory".

Los américo-liberianos eran la clase dominante del nuevo país. El partido True Whig, controlado por los américo-liberianos (colonos americanos), representaba a menos del cinco por ciento de la población, pero sin embargo, gobernó por más de cien años seguidos, y la mayoría del tiempo con una corrupción, discriminación y nepotismo que nunca fue desafiado. Los "salvajes" o "aborígenes", como los llamaban, conformaban la clase secundaria y sus necesidades y preocupaciones rara vez eran escuchadas.

Esto continuó hasta 1980, cuando el Sargento Mayor Samuel Doe con la ayuda de dieciséis hombres enlistados a las Fuerzas Armadas, asesinó al último presidente del partido de True Whig de Liberia, William Tolbert. Doe se declaró presidente, y el país lo aceptó como tal, aunque sea sólo de manera superficial. Se convirtió en el primer presidente liberiano que no tenía descendencia alguna de los esclavos liberados de los Estados Unidos.

Era a esta Liberia que nosotros sentíamos que Dios nos estaba llamando a ir. Baptist-Mid Missions, la misión a la cual pertenecíamos, que fue nombrada de tal manera por su disposición de ir a los lugares que se encontraban en el medio del mundo, que muchas veces eran lugares remotos en países africanos, empezó su trabajo allá en 1938. Inclusive antes de que haya caminos o siquiera mapas que guíen esos caminos, dedicados misioneros americanos fueron al centro del país y se acomodaron en propiedades subvencionadas por el gobierno liberiano.

A pesar de que las condiciones de vida eran difíciles e inconcebibles, a pesar de las peligrosas enfermedades y una posibilidad muy grande de muerte para sus niños preciados, estos

En el Principio

hombres y mujeres comprometidos y dedicados, siguieron a Dios a donde Él les lleve. Sus esfuerzos por establecer una iglesia fueron sumamente exitosos. Había cientos de iglesias y capillas dispersadas por todo el país, que habían sido establecidas por misioneros o por la gente liberiana que ellos habían entrenado.

Ahora, casi cincuenta años después, Mark y yo planeábamos seguir los pasos de aquellos pioneros. Sabíamos que la gente a quien presentábamos nuestro plan de ministerio pensaba que parecíamos patéticamente muy jóvenes como para emprender en tal misión. "Confíen en nosotros, sabemos lo que estamos haciendo", decíamos riendo. Otro chiste que teníamos era el de contar nuestros testimonios de la "Vida de Pecado". La carencia de un pasado pecaminoso sumamente notable nos parecía aburrido y completamente olvidable, entonces nos inventamos "testimonios" más interesantes mientras viajábamos. Valga la aclaración, que siempre nos controlábamos y contábamos nuestras verdaderas historias cuando estábamos hablando en el pupitre. Sabiendo cuan imperfectos éramos, también sabíamos que Dios tenía a gente mucho más falible que nosotros en quienes concentrarse.

Capítulo 2: ¡Liberia, Aquí Vamos!

El 14 de abril de 1986, Mark y yo, de 29 y 26 años, nos bajamos del Boeing 747 de KLM, dejando atrás el aire acondicionado y la comodidad del avión y lo primero que sentimos fue el calor trópico de Liberia. ¡Por fin estábamos en África! La plataforma debajo de nosotros humeaba con la luz del atardecer. Mark agarraba a John-Mark, que tenía tres años, de la mano, mientras yo cargaba a nuestra hija de un año, Melodie. Yo estaba embarazada, y el bebé iba a nacer en julio.

Yo miraba por las ventanas abiertas mientras el auto corría por las carreteras. Todo tono de verde imaginable que se veía producía una belleza que nada en mi vida vivida en el medio oeste me había preparado para ver. Las palmeras apuntaban a las estrellas mientras el atardecer se convertía en anochecer. Acercándonos ya a la ciudad, yo inhalaba el aire húmedo y picante. Nuestro chofer manejaba en zigzags a través de las ruidosas calles y tráfico, mientras miles de peatones caminaban en diferentes direcciones.

Nuevos amigos misioneros nos recibieron con mucho cariño y con muchos abrazos cuando llegamos a la casa de huéspedes de la misión. Liberianos de piel morena agarraban nuestras manos y nos saludaban de la manera tradicional—creando un sonido con el pulgar y el dedo del medio en el momento que se separan las manos. "Gracias por venir", ellos nos decían. Ellos habían orado por nosotros, habían anticipado nuestra llegada. Estaban tan emocionados por este nuevo proyecto que traería la estación de radio.

El próximo día comenzó nuestra inmersión al inglés liberiano. "¿Como está el cuerpo?" sonaba como una pregunta sumamente íntima y personal, pero pronto me di cuenta que era algo normal. "Bien-o". El dominar el "o" liberiano era sumamente importante. Piel-o. Cuerpo-o. Bien-o. Si uno se encontraba enfermo o estaba teniendo un día muy difícil, la respuesta correcta era, "Tratando", o "Tratando un poco". También existía la repetición de la palabra cuando uno quería hacer énfasis. "Pequeño-pequeño" (Muy pequeño) y "grande-grande" (muy grande). Aunque yo era patéticamente incapaz de entender el inglés que hablaban con el acento liberiano, por lo menos el idioma no era Swahili.

Después de estar en Monrovia por seis semanas, el misionero Chick Watkins nos llevó a Tappita en el Cessna de seis asientos de la misión. Sentada yo en el asiento trasero con John-Mark y Melodie, mi corazón se llenaba de asombro. Volábamos encima de grandes ríos que se encontraban al lado de montañas llenas de mineral de hierro. Los árboles gigantes dentro de la selva tropical parecían brócolis gigantes desde mi vista aérea. Estas junglas eran el hogar de chimpancés únicos, elefantes enanos, búfalo rojo, antílopes africanos, leopardos, hipopótamos pigmeos, ibis, águilas, aves tropicales de gran pico, halcones y cientos de otros animales únicos y exóticos.

Tappita era un pequeño pueblito con unas cuantas miles de personas—el terreno de la estación de radio de la misión se encontraba en sus bordes encima de una colina grande. Nuestra casa de ladrillo de barro se encontraba sobre un patio verde y hermoso, rodeado por catorce árboles de mango. Los anacardos con sus pequeñas "manzanitas", toronjas rosadas y naranjas verdes y amarillas colgaban de los árboles en el patio.

Una manada de Loros Plomos Africanos volaba encima de la casa cada tarde, chillando bulliciosamente. Con el nacimiento de Nathan el 19 de julio, éramos una familia de cinco personas, viviendo una maravillosa aventura en África.

Para nosotros aprendices era muy emocionante el poder trabajar junto a los nueve misioneros veteranos que ya vivían en Tappita. El hecho de que compartíamos metas y que vivíamos tan cerca el uno al otro, nos juntó física y emocionalmente. Aunque admirábamos a cada uno de ellos, el obvio amor por Dios y la gente de Liberia que tenía Chick Watkins, al igual que su entusiasmo contagioso y gran visión para el futuro, lo destacaba de los demás. Nosotros admirábamos a Chick y a Joan por haber criado a seis hijos que servían al Señor y por su servicio misionero de más de 25 años en Liberia. Queríamos ser exactamente como ellos.

Mark y Chick Watkins con un graduado de la escuela Bíblica

Nuestro equipo misionero estaba ocupado con un montón de ministerios importantes. Eran varios los días que escuchábamos uno de los aviones acelerar y despegar de la pista llena de pasto. En la tarde, el avión ya estaba de vuelta, después de haber completado otro trabajo evangelista exitoso o después de haber realizado algún vuelo humanitario. La propiedad de la misión estaba siempre llena con los ocupados estudiantes de la escuela. Con tres niveles de educación disponibles, había algo para todos—desde aquellos que nunca habían ido al colegio hasta aquellos que ya se habían graduado de secundaria. Los enfermos llegaban a la clínica misionera, que ofrecía servicios de calidad y a precios de oferta. Los martes, que eran "día de la pancita", traían con ellos docenas de señoras que venían para hacerse consultas prenatales, sus estómagos ya listos para estallar, envueltos con la tela lappa africana.

A Mark le encantaba el desafío que presentaba el comenzar un ministerio con la estación de radio en medio de la jungla. El proyecto era muy grande y requería de mucho trabajo físico. Mark y cualquier hombre dispuesto a ayudar se mantenían muy ocupados durante la construcción de los cables eléctricos, la limpieza del sitio donde iba a estar la torre, el levantamiento de la torre y la instalación del equipo eléctrico. Mark estaba haciendo el tipo de trabajo que le encantaba, tanto así que hasta lamentaba que llegue el día en que el proyecto estaría completado y la radio ya podría ser usada. ¡Él se estaba divirtiendo!

Ya que nosotros vivíamos en la misma propiedad donde se ubicaba la escuela Bíblica y la clínica, podíamos caminar a casi cualquier lugar al cual necesitábamos llegar sin problema. Esto me permitía involucrarme en diferentes ministerios aunque tenía tres hijos pequeños. Compartía el Evangelio con pacientes de la clínica que se estaban recuperando después de haber dado a luz. Cuidaba de los visitadores que recibíamos que venían a ayudar con la estación de radio y tomaba mi turno de ser anfitriona de la estación misionera. A parte de ayudar a algunas de las misioneras a enseñar a sus hijos, enseñaba inglés y artes plásticas a liberianos de diferentes edades y con diferentes niveles de educación, al igual que tener un estudio Bíblico con ellos.

Cada miércoles, iba caminando o manejaba mi pequeña motocicleta por las calles hasta llegar al mercado, donde podía disfrutar del mejor mercadillo de todos. Sobre las mesas inestables había carne fresca o seca, montoneras de arroz, salsa de tomate enlatada, sopas deshidratadas, ollas, platos de plástico, jabón, tela africana, y un surtido increíble de verduras y vegetales. En el piso, sobre sábanas de plástico, había montañas de ropa usada de los Estados Unidos. El mercado estaba lleno de compradores y vendedores. Compradores bulliciosos y entusiasmados saludaban a sus amigos y cuidaban de sus ruidosos hijos. Las voces que rebotaban de un lado al otro del mercado creaban un alborotado sentido de comunidad que me parecía encantador.

Nuestra vida social era interesante y muy variada. En las fiestas al aire libre con los estudiantes de la escuela Bíblica y sus familias, se podía ver las grandes mesas de madera cubiertas por enormes ollas humeantes llenas de arroz al igual que ollas más pequeñas de la "sopa" liberiana. La mezcla al estilo chop-suey de carne (de vaca, cerdo o pollo), verduras, aceite y sopa

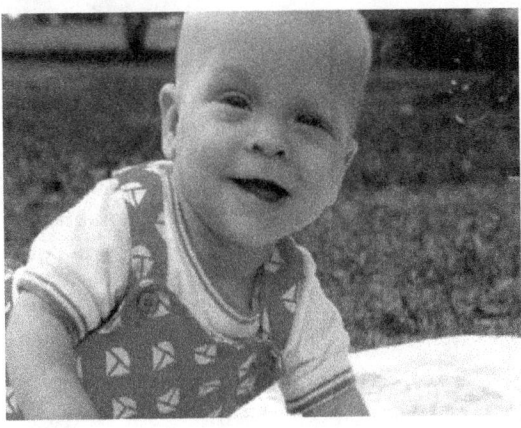

deshidratada era sumamente deliciosa, aunque tenía aspecto un poco extraño para nuestros ojos americanos. El equipo misionero trabajaba duro, pero también jugábamos mucho. Dramas, canciones, campeonatos del juego de cartas Rook, una fiesta para el Día de San Valentín (Mark y yo actuamos una ridícula rendición de "Harlequin Romance" (Romance Arlequín), algo que yo escribí para la fiesta), y una cena Navideña que celebramos todos juntos debajo del pabellón que estaba cubierto con malla milimétrica, eran descansos sumamente divertidos que nos tomábamos del trabajo, que aunque duro, era muy satisfactorio.

Ya que yo nunca había sido una chica del campo, el placer de poder comer una toronja sacada de un árbol dentro de nuestro propio patio, o de comer una piña que yo había visto crecer y madurar hasta que llegue a estar perfectamente dulce, me intrigaba. Era fascinante ver a los pollitos crecer desde el momento que fueron empollados hasta que llegaban a ser adolescentes y por fin gallos adultos. Los miembros de la Iglesia agradecieron a Mark dándole unos cuantos gallos y gallinas, que se convirtieron en bulliciosos y olorosos miembros temporarios de la familia. Les dimos nombres graciosos como Miss Marple,

Agatha Christie y Lucky. Lucky (Afortunado) no era el nombre original de ese gallo, pero más bien uno que se ganó, ya que después de muchos fracasos al intentar matarlo para cocinarlo y comerlo de cena, ese nombre era el único que se le podía dar.

Nuestros pequeños hijos prosperaron en esta nueva vida que vivíamos, en este lugar donde siempre era verano y estaban siempre al aire libre. Las mascotas exóticas no eran exóticas para ellos. Nuestra mangosta, Rickki-tikki-tavi, fue nombrada así en honor a la mangosta que se volvió famosa a través del libro "El Libro de la Selva" de Rudyard Kipling. Este animalito corría hacia Nathan, que se encontraba sentado en el piso azulejado. Una y otra vez Nathan lo alzaba y lo tiraba al aire. Rikki regresaba a sus brazos para que lo hiciera otra vez. Nathan reía, extremadamente encantado. Annie, la chimpancé de los Watkins, venía a visitarnos de vez en cuando, y cuando ella y Melodie caminaban agarradas de la mano, creaban una estupenda oportunidad para sacar una fotografía. John-Mark daba vueltas afuera de la casa cerca de la jungla, con una honda en la mano, buscando lagartijas. En las noches, los niños se dormían escuchando a una sinfonía de insectos, a los llamados del "oso del árbol" a la distancia y el movimiento de las hojas de la jungla.

¡Liberia, Aquí Vamos!

Era extremadamente emocionante poder llegar a conocer una cultura completamente diferente de la que yo había venido. Me encantaba observar a la gente en general, pero las mujeres en especial me fascinaban. Podía ver que compartíamos muchas cosas en común, pero tampoco podía ignorar el hecho obvio de cuantas diferencias existían entre nosotras también. Mi cabello rubio y piel clara eran un contraste fuerte al cabello negro y trenzado que tenían ellas y su piel de chocolate, oscura y café. Mi debilidad física contrastaba con la fuerza tosca que yo podía observar. Podía ver a señoritas balanceando bultos pesados en sus cabezas, algunas incluso tenían a niños cargados en sus espaldas. A falta de las conveniencias modernas con las que yo había crecido, y que había tomado por sentado, las señoras lavaban su ropa a mano en las calas, ríos o lagunas, o con agua que habían sacado de algún pozo abierto. En vez de ir de compras a un supermercado, las mujeres cocinaban y comían la comida que habían producido en los jardines de sus propias "tala y quema" granjas. La más clara y dolorosa diferencia era que yo había podido disfrutar de oportunidades de educación de las que ellas no podían ni soñar poder tener.

Cada enero, la estación de nuestra misión interna organizaba un seminario para las mujeres de las tribus de Mano y Gio. Esas dos semanas estaban llenas de actividades como canto, enseñanza y predicación. Mi primer año en Liberia, mientras enseñaba los principios para llevar una vida cristiana en el hogar, me sentí sumamente consciente  de cuán diferente era mi vida a la de aquellas personas que estaban en frente mío. Me sentía tan joven, tan 'rica, y tan blanca. Quería que las barreras culturales cayeran y que ellas me puedan conocer y entender. Yo quería conocerlas y entenderlas también.

Por meses ya había ido escuchando mucho sobre la increíble noche de fiesta que tenía el seminario, y me preguntaba si esta podría ser mi oportunidad para poder conectarme de una manera más personal con las mujeres. Cuando llegué al evento tan famoso, con galletas y Kool-Aid en mi mano, vi un montón de polvo elevarse al techo en nubes cafés mientras las señoras jugaban un juego que llamaban "Víbora".

Después de poner a un lado los bocadillos que había llevado, me uní al juego, pensando que seguro era más fácil de lo que parecía. No lo era. Es más, era mucho más difícil de lo que parecía. Después de unos cuantos minutos me senté, sumamente cansada.

La fiesta continuó con una serie de juegos agotadores, todos los cuales incluían movimientos complicados que hacían con sus pies—casi siempre todas juntas al mismo tiempo. Me quedé asombrada al ver la coordinación y fuerza que tenían estas mujeres, incluyendo las señoras mayores. ¿Cómo sabían cuando saltar y qué pie usar? No sabía ni donde comenzar para poder entender la complejidad de los juegos que ellas jugaban sin ningún esfuerzo. Me fui de la fiesta sintiéndome completamente como la "chica nueva"—un sentimiento que no me gustaba para nada.

Al año siguiente, después de aquel primer seminario, Liberia se convirtió en mi hogar de una manera que nunca hubiera podido imaginarme. Me parecía tan emocionante y hasta un poco embriagante el hecho de que estaba viviendo una vida tan diferente y única. Me encantaba mi pintoresca casita de ladrillos de barro y el patio que parecía un parque. Me encantaba el clima cálido del trópico. Tenía unas cuantas amigas misioneras cercanas y me estaba conectando más y más con las mujeres liberianas.

Me sentía emocionada mientras se iba acercando nuestro segundo seminario. No estaba tan nerviosa como lo había estado para el primero el año anterior, y me sentía segura de que el material que había preparado iba a desafiar a las señoras y que me divertiría al enseñarlo también. Aunque todavía me sentía intimidada al sólo pensar en tener que jugar esos juegos que la mayoría de las veces sólo había observado, estaba determinada a participar en cada uno de ellos este año.

Cuando llegué con mis refrigerios para la "noche de fiesta" aquel jueves en la noche, el ambiente ya estaba eléctrico. Ojos cafés brillaban con emoción mientras el primer juego empezaba. Pies comenzaron a pisotear. Manos fuertes comenzaron a aplaudir. Me metí al círculo de mujeres, sabiendo que si no entraba rápido, iba a perder el valor de hacerlo. Manos oscuras me agarraban de cada lado. Miraba a sus pies y como se movían tan rápido, tratando de copiar lo que estaba viendo. No tuve éxito. Traté otra vez.

Después de cada uno de mis movimientos, se escuchaba la risa hilarante de las mujeres. Mientras peor jugaba el juego, más se reían. Les miré a los ojos: no se estaban riendo *de* mí, se estaban riendo *con*migo. Era obvio para ellas que ahora yo era la estudiante y ellas las profesoras. ¡Y les encantaba!

La fiesta fue un éxito para todos. Yo era previsiblemente pésima en todos los juegos. Cada "fracaso" traía con él aquella risa reservada para amigos que son conocidos y amados—la risa de aceptación y camaradería.

En 1989 regresamos a los Estados Unidos por un año para ir a visitar a las iglesias y tomar un descanso, bronceados y llenos de gozo con nuestros tres hermosos hijos. Éramos jóvenes, vitales e involucrados en algo importante. Nuestros primeros tres años dedicados al servicio misionero habían sido todo, incluso más, de lo que habíamos soñado que sean. Yo amaba a Dios y estaba viviendo conforme a Su voluntad. (Después de todo, yo era una misionera a África). Yo sabía que mi vida sería maravillosa. Ya *era* maravillosa. Todo estaba como debería ser.

Las Confesiones de un Corazón Transformado

Nancy, Nathan, Melodie, Mark, John-Mark-1989

Capítulo 3: El Alboroto del Arroz

Mientras nosotros celebrábamos una Navidad danesa tradicional en Whitewater, Wisconsin con muchos parientes, dichosamente ignorantes de lo que estaba pasando al otro lado del mundo, la Guerra Civil en Liberia había oficialmente empezado. La guerra había comenzado "no oficialmente", diez años atrás. Todo había empezado con arroz.

A la gente de Liberia no sólo le gustaba el arroz—le encantaba el arroz. Es su comida favorita, y definitivamente la más importante. El Presidente William Tolbert quería que los liberianos planten y cosechen su propio arroz en vez de depender en el altamente subvencionado arroz que había que importar. Su razonamiento era que si la gente sembraba su propio arroz y se quedaba en el interior del país, habría menos competencia para tener uno de los pocos trabajos que existían en las ciudades. Para alentar a la gente a sembrar esta cosecha tan importante, Tolbert estaba considerando disminuir cuatro dólares por cada bolsa de cien libras a la subvención que daba el gobierno para todo lo importado. El nuevo plan haría que el precio del arroz subiera en todo el país.

La gente entró en pánico, temiendo que no iban a tener los recursos suficientes para poder comprar el arroz con ese nuevo precio tan alto. Los críticos observaron que Tolbert estaba en posición para ganar muchísimo—él era dueño de una gigante granja de arroz. El 14 de abril de 1979, dos mil activistas cubrieron las calles para realizar una marcha pasiva en la mansión presidencial. Más tarde, cuando miles de alborotadores se unieron al grupo, la demostración pasiva se convirtió en una multitud incontrolable. La policía llegó para tratar de confrontar a los manifestadores con la esperanza de llegar a calmar a la gente para que no empeore la situación. Alguien disparó un arma.

Inmediatamente todo estaba en estragos y una orgía de robos que duró doce horas destruyó a la ciudad. Las fuerzas armadas de Tolbert no la detuvieron. Es más, ellos la estaban dirigiendo.

Hasta que regrese la paz y las cosas se tranquilicen, unas doce horas después, por lo menos cuarenta personas estaban muertas y más de quinientas estaban heridas. La ciudad, inundada de culpa, esperaba las represalias. Hubo muchos arrestos y debido procedimiento fue suspendido para aquellos que el presidente consideraba culpables de la primera manifestación. La gente esperaba, preguntándose cuál sería el terrible destino que les esperaba a las sumamente culpables fuerzas armadas.

No hubo un terrible destino. El Presidente Tolbert no hizo absolutamente nada para castigar a los soldados errantes. Ellos aprendieron una lección muy valiosa. El presidente ni iba—o no podía—impedirles hacer lo que ellos querían.

En menos de un año después de los fatales "amotinamientos de arroz", diecisiete hombres enlistados en las Fuerzas Armadas de Liberia, incluyendo al Sargento Mayor Samuel Doe, dispararon y destriparon al Presidente Tolbert. Esta acción terminó lo que había sido hasta ese momento, una temporada larga de años de gobierno increíblemente estable, aunque definitivamente corrupta. Unos cuantos días después, después de una serie de juicios simulados, trece de los ministros de alto rango del gobierno y algunos miembros de la familia de Tolbert, fueron declarados culpables de traición y atados a palos que fueron puestos en la Playa Atlántica de Monrovia, fueron matados a balazos.

Los asesinos estaban orgullosos de su trabajo. Cuerpos, incluyendo el del Presidente, fueron arrojados a la misma tumba. Ministros de alto rango del gobierno tuvieron que ir a la corte, sin el beneficio de poder tener abogados, fueron encontrados culpables y luego matados. Durante los meses de castigo sangriento después del asesinato de Tolbert, los Américo-Liberianos se escapaban en montones, muchos de ellos a los Estados Unidos. Irónicamente, más de 150 años después de que esclavos liberados se hayan ido de las costas de los Estados Unidos, sus descendientes retornaron.

El orden natural que había existido cambió completamente de una noche a la otra. Desde que fue fundada en 1847, descendientes de antiguos esclavos de los Estados Unidos habían gobernado Liberia. Ahora el Sargento Mayor Samuel Doe de la tribu étnica de Krahn se había convertido en el jefe de estado. Muchos estaban de acuerdo con este cambio, pensando que tal vez ahora la gran mayoría de la población que no era américo-liberiano, sería representada de una manera más justa. Además, había muy poca voluntad de parte de la gente para pelear contra él. Los recuerdos de cuerpos atados a palos en la playa mostraban cuan inútil sería tratar de luchar contra el cambio que este nuevo gobierno estaba trayendo.

Parecería que es más fácil matar a un presidente, y no tan fácil ser un buen presidente porque poco tiempo después, los problemas llegaron al paraíso que había creado Doe. Él era militar, no político. Doe no tenía la educación necesaria y tenía serios problemas al dar los discursos presidenciales, los cuales era obvio que habían sido escritos por otras personas.

En 1983, el vicepresidente, Thomas Quiwonkpa de la tribu Gio, huyó del país después de haber sido acusado por el Presidente Doe de tratar de derrocar al gobierno. Doe estaba sumamente paranoico y se rodeó con miembros de su grupo étnico Krahn para tener seguridad.

En 1985, después de cinco años de haber sido el dictador militar de Liberia y cubierto por una nube de controversia, Doe se declaró vencedor de las elecciones presidenciales en Liberia. Aunque al principio un poco renuente, los Estados Unidos eventualmente aceptaron los resultados de las elecciones y le dieron la credibilidad que necesitaba en la plataforma del mundo. Su ego masivo creció, quería que se lo llamara "Su Excelencia, el Presidente Doctor Doe". Su cumpleaños se convirtió en un feriado nacional y el "Dólar Doe" era la moneda usada.

No era sorprendente que no eran muchos los que estaban tan emocionados por la victoria de Doe, como lo estaba el nuevo presidente electo. Es más, poco después de las elecciones de 1985, el vicepresidente Thomas Quiwonkpa regresó. Él tenía todo listo para simular un falso asesinato, algo que él estaba seguro funcionaría. Y, a diferencia del primer intento, esta vez no había duda alguna que él era culpable. Era un evento coreografiado y cuando la voz corrió a través de la radio nacional, que el Presidente Doe estaba muerto, la gente en Monrovia se puso a bailar en las calles.

Sin embargo, el anuncio era prematuro. El extremadamente lleno de vida y humillado Presidente Doe, no estaba bailando. Estaba absolutamente furioso. Los pedazos cortados del cuerpo del antiguo vicepresidente fueron mostrados en todas las partes de las calles de Monrovia. Los cómplices de Quiwonkpa fueron llevados a la corte y muchos de ellos fueron ejecutados inmediatamente.

El odio que tenía el Presidente Doe por su antiguo enemigo, Quiwonkpa, se extendió hasta toda la tribu de Quiwonkpa, los Gio. Como castigo por el atentado asesinato, gente fue asesinada por el sólo hecho de ser Gio. Las rivalidades entre tribus en todo el país despertaron de su letargo.

Capítulo 4: Una Guerra No Tan Civil

Las elecciones de 1985 y el subsiguiente atentado a un golpe de estado del Presidente Doe sucedieron sólo unos cuantos meses antes de que vayamos a Liberia por primera vez. Aunque sí era una preocupación y nosotros reconocíamos el hecho de que Liberia no era un país tan estable como lo era antes, el punto era que Liberia seguía siendo un lugar que estaba dispuesto a recibir el Evangelio.

No había manera cómo saber que un liberiano relativamente desconocido estaba formulando un plan en ese momento, que cambiaría la dirección de nuestras vidas y la de muchas otras personas, por siempre. Su nombre era Charles Taylor y el era un liberiano inteligente y relajado, con un tremendo resentimiento.

Un ex empleado del gobierno de Doe, Taylor, como Doe, había abusado el poder que venía con la posición que tenía. Cuando el Presidente le cobró $922,000 de fondos del gobierno, Taylor se escapó a los Estados Unidos, donde había recibido su educación. El Presidente Doe, que ahora estaba en buenas relaciones con los Estados Unidos, le pidió al gobierno americano que arreste a Taylor, y eso mismo hizo.

Detenido en una cárcel americana en Massachusetts, con nada más que tiempo en sus manos para poder pensar y planear, Taylor se convirtió en un enemigo formidable. Después de cortar la ventana de un cuarto abandonado para lavar ropas, Taylor y otros cuatro prisioneros salieron por la ventana usando sábanas amarradas como escalera. El viajó a Libia, donde se encontró con una pequeña multitud de liberianos que tenían la misma misión—expulsar al Presidente Samuel K. Doe del gobierno. Durante nuestra maravillosa primera temporada en Liberia, nosotros, y casi toda Liberia, estábamos dichosamente inconscientes del hecho que Taylor y sus hombres estaban preparándose para una guerra en un campamento de entrenamiento terrorista.

En Noche Buena de 1989, mientras nosotros comíamos pavo en Wisconsin, Taylor y un estimado de 100 cohortes llegaron de la Costa de Marfil y atacaron a los soldados del gobierno que estaban situados en el pequeño pueblo de Butuo en Nimba. Para alguien que no conoce la política o la geografía de Liberia, el haber escogido este pueblo como lugar por donde entrar, parecería insignificante, pero el plan de Taylor era no sólo brillante, sino diabólico al mismo tiempo.

Nimba era el hogar de la gente de las tribus de Gio y Mano, y el Presidente Doe lidió con la insurgencia con una completa incompetencia política, tal como Taylor pensó que lo haría. Cuando el Presidente Doe mandó a su gran ejercito Krahn para apagar un pequeño fuego que se encontraba donde vivían los Gio, sus soldados destruyeron aldeas por el sólo hecho de haber dado comida a los soldados de Taylor.

Mientras soldados enojados entraban a los pueblos y aldeas disparando con la intención de matar, balas volaban por todas partes. Esposos y esposas fueron separados mientras corrían en direcciones opuestas. Niños que no podían ir lo suficientemente rápido, se perdían en medio del caos. Los soldados de Doe tiraron a cientos de bebes a pozos llenos de agua. Todos querían estar en cualquier otro lado, menos allí. Dónde sea. A pesar de las grandes incertidumbres y dificultades que venían con el viaje, que mayormente se hacía a pie, miles de personas huyeron a los países de al lado, Guinea o Costa de Marfil.

No es necesario decir que los soldados del gobierno y todo el gobierno de Doe al cual representaban, se convirtieron en un mal olor para las narices de la gente de las tribus de Gio y Mano. Buscando venganza por las atrocidades que habían hecho contra sus familias, muchos de ellos se unieron a la fuerza rebelde de Taylor, el Frente Patriótico Nacional de Liberia (NPFL). Se hacían llamar los "luchadores por la libertad", el número de soldados que tenían incrementaba, llegaron a haber cientos de ellos, y luego había miles. Los nuevos reclutas no estaban entrenados y aparte del obvio motivo de venganza, se habían unido al movimiento por una variedad de otras razones. El control que haya tenido Taylor sobre el NPFL rápidamente desapareció.

En los Estados Unidos, las noticas que escuchábamos en el canal de radio de British Broadcasting Company (BBC), en el programa de "Focus on Africa" (Enfoque en África), eran nuestra salvación. Desesperados por saber qué estaba pasando en Liberia, nos sintonizábamos a BBC tres veces al día, escuchando el programa en una radio de olas cortas que nos habíamos prestado. Aunque estábamos conscientes del golpe de estado de 1980, el que fue la causa de la muerte del Presidente Tolbert, al igual de saber que habían habido otros dos atentados de golpes de estado del Presidente Doe, igual habíamos proyectado la paz de América en Liberia. Simplemente no nos podíamos imaginar que todo lo que estaba pasando en ese momento podría llegar a ser un conflicto grave y duradero.

Mark llamaba muchas veces a nuestros amigos misioneros en Monrovia. Ellos estaban en contacto por radio dos veces al día con nuestros compañeros de trabajo en Tappita. Nos aseguraron que nuestros compañeros de trabajo estaban bien. Como nosotros, ellos esperaban y oraban que la inquietud que existía termine pronto. Ellos planeaban esperar y ver qué pasaba. Después de todo, era inconcebible que después de más de cincuenta años de trabajar en una Liberia pacífica, los misioneros de Baptist Mid-Missions tuvieran que irse.

Sin embargo, en marzo de 1990, la embajada americana mandó un mensaje vía radio a nuestro compañeros de trabajo que destruyó toda esperanza. Los misioneros de la misión World Evangelistic Crusade, Tom y June Jackson, que vivían a solo 30 millas de nuestro hogar en Tappita, habían quedado atrapados por el fuego cruzado que había entre los rebeldes invasores y los aterrados soldados del gobierno que los trataron de usar como escudos humanos. Estaban muertos.

La embajada ordenó a todos los americanos que evacuen inmediatamente. Era claramente peligroso quedarse por más tiempo. Llevando solamente las cosas necesarias, nuestros amigos misioneros con sus hijos y algunos de sus amigos liberianos más vulnerables, se metieron al avión de la misión y a unos cuantos vehículos disponibles y se fueron hacia Monrovia.

El Edificio de la Estación de Radio en Tappita

Después de sólo minutos de la partida de los últimos misioneros, soldados rebeldes se apoderaron del recinto de la misión en Tappita. Habían estado esperando ocultos en los arbustos. Y estos no eran cualquier grupo de rebeldes. Increíblemente, la propiedad de la misión había sido específicamente escogida por Charles Taylor para ser la nueva oficina central de la NPFL. Nuestra casa ahora era un cuartel para sus "luchadores por la libertad" y la estación de radio, que Mark había logrado construir con mucho trabajo, la cual había traído lágrimas de alegría a nuestros ojos, ahora era "Radio 1", la voz del Frente Patriótico Nacional de Liberia.

La rapidez con que el NPFL tomó control, completamente sorprendió a los estudiantes del colegio Bíblico y a sus familias. Ellos rápidamente se fueron de la misión, huyeron por todas partes, literalmente corriendo por sus vidas. Estas personas que habían sido nuestros vecinos, con los que habíamos compartido

Una Guerra No Tan Civil

comidas y risas, fueron tragados por una tragedia, y nosotros nos encontrábamos completamente impotentes, sin poder ayudarles. La guerra ya no era algo desconocido o lejano para nosotros.

Algunos se fueron corriendo a los bordes del país, tratando de salir de Liberia. Otros se unieron al gran montón de miles que iban camino a Monrovia, muchos de ellos yendo a pie, con bultos en sus cabezas y niños en sus espaldas. La gente mayor y los enfermos—los afortunados—iban en carretillas empujadas por otras personas. Otros que eran muy débiles para huir, fueron dejados atrás, sin protección o defensa, para enfrentar a lo que venía.

Cientos de puntos de inspección, ambos del gobierno y de los rebeldes, aparecieron. La gente, horrorizada, veía entrañas humanas estiradas en las calles, usadas como portones provisionales. Cabezas encima de postes en ambos lados miraban evidentemente a la multitud de gente que se había reunido. Pasar por las puertas era una horrible experiencia. Cualquier cosa y toda cosa era una excusa para matar. La gente era asesinada por no pararse lo suficientemente quietos en la fila, por ser un miembro de la tribu "equivocada"—lo cual obviamente variaba en cada punto de inspección—o si al haber sido ordenados por un soldado a matar a su propio pariente, se negaban a hacerlo. A la gente le decían que sus vidas tenían menos valor que la vida de una gallina, y nadie dudaba que los soldados alocados lo decían en serio. Al llegar a Monrovia, después de muchos días de viaje, la gente buscaba refugio donde sus amigos o parientes. El resto encontró refugio en colegios e iglesias. Las personas estaban hambrientas, con frío y muy cansadas.

Cada día la gente de Taylor iba adquiriendo más y más territorio. Mientras se iban acercando más y más a Monrovia, el terror llenaba la ciudad. Todos sabían que cuando las fuerzas rebeldes de Taylor se enfrentarían con los soldados del gobierno de Doe, el encuentro sería extremadamente sangriento.

Las Confesiones de un Corazón Transformado

El 29 de julio de 1990, el Presidente Doe y un gran grupo de soldados del gobierno caminaron por la hermosa Playa Atlántica de Monrovia hasta llegar a la Iglesia Luterana de San Pedro, donde cientos de liberianos sin hogar de las tribus de Mano y Gio se preparaban para dormir. En un acto de crueldad inconcebible, los soldados dispararon. Ellos mataron y mataron y mataron, algunos con balas y muchos más con machetes, hasta que el último grito fue silenciado. Más de seiscientos liberianos fueron masacrados mientras su presidente se paraba a un lado y observaba lo que estaba pasando.

Este horrible acto provocó el choque inevitable. La realidad era que la situación era mucho peor de lo que originalmente habían imaginado. El grupo de Taylor quedó fracturado cuando Prince Johnson, un subordinado con mucha experiencia militar e influencia, codició las muchas oportunidades que venían con tener el comando y se fue, llevándose a muchos hombres con él. Entonces, en vez de luchar contra los soldados del gobierno, la NPFL de Taylor estaba peleando contra ellos, y los rivales rebeldes también. El asesinato venía sin consecuencia y la violación era un arma de la guerra.

Los soldados rebeldes eran indisciplinados y los robos sucedían sin que nadie diga nada. Es más, consideraban que lo que robaban era su pago por haber peleado. Sin pensar si quiera en el futuro de su país, equipo que valía millones y millones de dólares, era vendido por metal, cables de electricidad fueron arrancados de los postes de luz y tiendas que representaban ahorros de vida fueron deshechas. "Roba del robo, haz que Dios ría", la gente decía riendo mientras un general le robaba a otro, todo para que su botín sea robado por un tercer general.

El estadio local de deportes rebalsaba de gente que buscaba seguridad y refugio. Otros se ocultaban en sus hogares mientras las balas caían. Una herida no atendida mayormente mataba a la persona. La muerte de una madre significaba la muerte del bebe que amamantaba. Miles murieron y muchos más fueron heridos mientras la guerra y las peleas continuaban. Por si su preocupación por el entierro de los muertos llame una atención negativa, la gente, llena de miedo, no recogía a los muertos. Cuerpos en descomposición cubrían las calles.

Había una escasez tremenda de comida. Los animales del zoológico y las mascotas se convirtieron en comida. Cualquier cosa que era aunque sea un poco comible era consumida. El ejercito de Taylor tomó control sobre el complejo de hidroelectricidad "Mount Coffee Dam", cortando la electricidad de la ciudad y, aún más devastador, la reserva de agua. Las personas analfabetas, muriendo de sed, habrían latas de repelentes de insectos e ingerían la muerte.

Originalmente, la gente que vivía en el interior del país había supuesto que si estaban en Monrovia, estarían a salvos. Ahora, todos desesperadamente querían irse, pero sólo habían unos cuantos afortunados que podían hacerlo. Los extranjeros. Ellos vieron la manera de llegar a la embajada americana, donde el 6 de agosto de 1990, 225 soldados de la marina de los Estados Unidos les esperaban con helicópteros para llevarlos del complejo a la nave de la marina que se los llevaría de la costa Atlántica.

Un poco tiempo después, el 17 de agosto, la oficina central de las misiones "Baptist Mid-Missions" de Monrovia, fue invadida y saqueada. Un hombre americano que se había quedado atrás, esperando proteger a un grupo de amigos liberianos, fue herido. El soldado se lo llevó, herido y sangrando, a sus oficinas centrales. Su cadáver fue entregado a la embajada de los Estados Unidos unos cuantos días más tarde.

La propiedad de Baptist-Mid Missions en Monrovia

Dos meses y medio después de la masacre que ocurrió en la Iglesia Luterana de San Pedro, los cuerpos podridos y en descomposición seguían ahí, llenos de gusanos. El Presidente Doe no podía parar el gran odio que la gente sentía contra él y su ejército. "El mejor Doe, es un Doe muerto", Taylor declaraba.

El 24 de agosto de 1990, llegaron los soldados mandados por la Comunidad Económica de Estados de África Occidental (CEEAO). Esta fuerza multinacional de tres mil soldados tenía la tarea formidable de tratar de detener el progreso de Taylor.

Los buscadores de paz de la CEEAO no lograron detener el apresamiento del Presidente Samuel Doe el 9 de septiembre de 1990. Los soldados de Prince Johnson orgullosamente capturaron en video el momento que le cortaron la oreja al Presidente, que estaba sin polera, sudando y llorando. Johnson, que obviamente no tenía ningún problema con que sus hombres sean filmados torturando a Doe, alternaba entre tocar una guitarra, que sin duda fue robada, tomar sorbos de Budweiser y gritarle al Presidente torturado, "¿¡Dónde está el dinero!?"

Una Guerra No Tan Civil

Cuando recibimos la noticia de la muerte del Presidente Doe, aunque había sido horripilante, estábamos aliviados. Desde el principio de todo Taylor había ido diciendo que su plan era deshacer al país del Presidente Samuel Doe, y nosotros desesperadamente queríamos creerle, pensábamos que seguramente ahora que Doe ya no estaba, la guerra terminaría. Estábamos seguros que en el transcurso de unas cuantas semanas, podríamos regresar a nuestro hogar en Tappita. Yo me imaginaba que algunos bebes o niños pequeños que habían quedado huérfanos después de la guerra estarían necesitando mi ayuda. Estaba llena de planes para mi futuro, el cual esperaba sería muy parecido a mi pasado.

Capítulo 5: Refugiados

Taylor mintió. La guerra no había terminado. Es más, los saqueos, las peleas y los asesinatos continuaban sin cesar.

Si eso no era suficiente, para empeorar aún más la situación, la captura y la muerte del Presidente Doe habían agregado al prestigio de Prince Johnson. Ya que Doe se había convertido en presidente después de haber matado a Tolbert, Prince Johnson sentía que la captura y subsiguiente muerte del Presidente Doe era suficiente como para garantizarle la presidencia. Había una cierta lógica tergiversada a lo que él decía.

Mientras yo trataba de encontrar la razón por la cual *cualquier* persona quisiera la posición presidencial, Liberia ahora tenía a cuatro hombres declarándose presidentes: el ex vicepresidente del Presidente Doe Harry Moniba, el líder de los rebeldes Prince Johnson, el líder de los rebeldes Charles Taylor, y finalmente, el hombre que tenía el respaldo de las tropas de África Occidental, y de esta manera controlaba a toda Monrovia, Amos Sawyer. Era una lucha obvia por el poder.

Mientras tanto, en los Estados Unidos, el tiempo iba pasando y las iglesias estaban ansiosas de saber qué decisiones iban a tomar los misioneros, a los quienes apoyaban económicamente, con respecto a sus futuros. Ya que no podían retornar a Liberia, algunos dejaron la misión. Otros escogieron ser transferidos a través de Baptist Mid-Missions, a otros países y a otros ministerios.

Para aquellos que deseaban seguir trabajando con los liberianos, las opciones eran limitadas. Esto era realmente relevante especialmente para nosotros. Los líderes de nuestra misión habían decidido que ningún misionero con hijos que todavía vivían en casa, podía trabajar dentro de Liberia. Si queríamos seguir trabajando con los liberianos, la única opción que teníamos era de trabajar con aquellos que tuvieron que mudarse debido a la guerra y que vivían en países del lado oeste de África, alrededor de Liberia.

Después de un viaje corto para echar un vistazo a la zona de Costa de Marfil, hecho por dos misioneros de Baptist Mid-Missions, Mark y yo juntos decidimos que iríamos allí. Era verdad, no sabíamos casi nada sobre Costa de Marfil. Era verdad, no conocíamos a nadie que había trabajado con los refugiados de la guerra antes. Pero también era verdad que queríamos retornar a Liberia lo más antes posible cuando acabara la guerra, y al estar tan cerca al borde, tendríamos la oportunidad de hacerlo.

Tengo que admitir que el sólo pensar en trabajar con los refugiados, me intimidaba. Pero, ¿cuán diferente podría ser del trabajo que ya habíamos hecho? Después de todo, un liberiano es un liberiano. Además, la guerra, aunque sea sangrienta, no duraría mucho—seguramente no más de seis meses. Seguramente. Después nos podríamos mudar de vuelta a Liberia y continuar con el trabajo en la estación de radio y en los otros ministerios que amábamos. Este tiempo de trabajo con los refugiados en Costa de Marfil sería sumamente breve.

En junio de 1991 partimos de Minneapolis. Nuestros hijos, que tenían cuatro, seis y ocho años, tambaleaban al tratar de cargar sus pesadas maletas durante el transcurso de nuestro viaje de Minneapolis a Amsterdam a Sierra Leona a Abidjan. Íbamos acompañados de nuestros amigos misioneros Jeff y Kim Abernethy y sus tres hijas, la menor todavía era una bebé.

Sentimos el fuerte choque del aire húmedo de la noche cuando bajamos del avión a la plataforma del Aeropuerto Houphouët-Boigny Internacional de Costa de Marfil. Gente uniformada nos gritaba en francés mientras nosotros entrábamos la terminal, que estaba llena de humo. Yo trataba de sacar de cualquier parte de mi mente, tratando de recordar alguna palabra del semestre de francés que llevé en octavo de secundaria. Y lo único que vino a mi mente era, "¿Quisiera ver mi apartamento?" Eso no ayudaría para nada. Mi mente se congeló y mi corazón latía con miedo.

Refugiados

En camino a Costa de Marfil

Habiendo traído todo lo que nuestras dos familias necesitarían durante el tiempo indefinido que estaríamos en Costa de Marfil, entre todos nosotros teníamos treinta maletas. Las posibilidades de salir del aeropuerto con todas nuestras maletas no parecían muy altas. Dios en su misericordia, mandó ayuda. Un americano que estaba en otra misión vino a rescatarnos. Pero aún así, tomó mucha charla rápida, dura e incomprensible para sacarnos del aeropuerto. Un malentendido sobre nuestro destino resultó en un tour inesperado de la ciudad. Cuando por fin llegamos a la casa de huéspedes de los misioneros, yo estaba completamente exhausta, abrumada.

Al día siguiente, la enfermera misionera Ardith Maile, se unió a nuestro grupo, completando nuestro pequeño equipo. Al caminar y pasear un poco por el lugar, nos dimos cuenta que la tensión en el aire era tan pesada como el calor del trópico en Abidjan. Soldados armados, por razones que no conocíamos, paraban a autos, pidiendo identificación. Mostraban una gran preferencia en hacer parar autos que llevaban pasajeros con caras blancas. Estudiantes universitarios estaban marchando y protestando. En las noches podíamos escuchar el sonido de las explosiones de gas lacrimógeno desde nuestros cuartos.

El Presidente Houphouët-Boigny era ya muy viejo e incluso posiblemente ya estaba muriendo. El líder amado, a quien llamaban de cariño Papa Houphouët, había llegado a dominar el arte político de mantener a todos relativamente felices y al mismo tiempo, volverse rico. El llevó a la independencia de Francia a Costa de Marfil en 1960, y mantuvo la posición de Presidente, básicamente sin problemas, por más de treinta años. Aunque los medios de comunicación trataban de ocultarlo, era un hecho que él se encontraba en un estado muy delicado de salud. Todos se preguntaban quién tomaría su lugar cuando él muera.

No es necesario decir que la ciudad no se estaba sintiendo muy hospitalaria, y después de dos semanas en Abidjan, estábamos más que listos para irnos. Conocíamos muy poco de Péhe (pronunciado "pey"), a donde estábamos destinados. Sólo sabíamos que hace unos años atrás, misioneros de Baptist Mid-Missions habían construido dos casas y una pequeña casa de huéspedes en un pedazo de tierra cerca del borde del pueblo, y que había pasado mucho tiempo desde la última vez que un misionero había vivido en ellas.

Entonces con todas nuestras pertenencias encima de un pequeño e inestable "bus" cubiertas con una carpa, nuestro equipo misionero se dirigió al lugar desconocido que se encontraba a unas cientos de millas adelante. Apenas había suficiente campo para sentarnos, pero no nos importaba. Sólo estábamos felices de salir de Abidjan. Las cosas serían más fáciles en Péhe. Simplemente *tenían* que ser más fáciles.

Esto no era necesariamente cierto. Después de un viaje, que nunca parecía terminar, debajo la lluvia y teniendo que sentarnos para esperar en los puntos de inspección por horas, llegamos a las cuatro de la mañana a un lugar que parecía estar en el borde de la tierra. Y rápidamente fue dolorosamente obvio que ya no estábamos en la Liberia que había existido antes de la guerra, y que esto definitivamente no era nuestra amada Tappita.

Nuestra primera noche en Péhe, mientras preparábamos a nuestros hijos para dormir, miré hacia arriba y me quedé sorprendida al ver a una jovencita parada en nuestra puerta. Sin preámbulo, nos anunció que su madre la había mandado para pedirnos polvo de maquillaje.

¿Polvo de maquillaje? Aunque yo tal vez no entendía completamente qué era lo que ella estaba pidiendo, sí sabía muy bien que era inapropiado que una completa extraña entre sin ser anunciada. Me sentí desconcertada al ver que la joven no compartía esta idea conmigo.

Cuando los refugiados habían escapado de Liberia a Costa de Marfil, todo pueblo y aldea que se encontraba en el borde rebalsaba de personas buscando algún refugio. Viendo la necesidad que tenían, los líderes de la iglesia de Péhe permitieron a los liberianos que construían casas por el borde de la propiedad de la misión. Cuando nosotros llegamos en 1991, había cientos de refugiados liberianos viviendo en Péhe, muchos de ellos en casas de palo de barro en frente de las estructuras de cemento de la misión. La mayoría no tenía trabajo, ni granjas, ni colegios. El tiempo les sobraba.

Y desafortunadamente, nosotros, sus nuevos vecinos de piel blanca, éramos completamente fascinantes para ellos. El ruido, la confusión y la gran cantidad de personas que había nunca cesaba debido a que los niños liberianos y marfileños, corrían entre las vacas, chivos, pollos y pintadas que habían en nuestros patios. Ellos perseguían a los cinco niños misioneros, empujándolos juguetonamente. Pero los niños misioneros, sintiéndose abrumados por la cantidad de los otros niños y el idioma extranjero, se ocultaban y volvían a sus casas en grupo, protegiéndose de la arremetida que se les acercaba. Sin vergüenza, los niños africanos se acercaban a las puertas con malla milimétrica, y ponían sus caras cerca a las ventanas, observándonos mientras comíamos.

Mientras tanto, los hombres de Liberia y de Costa de Marfil, aprovecharon que había una cancha recién cortada a lo largo de nuestras casas, y jugaban muchísimos partidos de fútbol. La práctica comenzaba al amanecer, aunque los juegos no empezaban hasta más tarde—los hombre en la cancha y los niños parados entre las casas misioneras. Las mujeres se sentaban en el pequeño porche en frente de la casa de huéspedes, y animaban a los hombres, gritando fuertemente. A veces, la multitud era de casi doscientas personas. La privacidad se convirtió en un lujo que ninguna cantidad de dinero podía comprar.

Y todos querían ser mis amigos. La gente de Péhe y de las aldeas que le rodeaban vino a visitarnos. Éramos americanos ricos y obviamente habíamos llegado para darles cosas. Su trabajo era decirnos qué exactamente necesitaban y querían—nuestro trabajo era de dárselos. Recibimos miles de peticiones, algunas en escrito, otras verbales, que incluían botas de lluvia hasta becas completas a universidades en los Estados Unidos. Aunque sí teníamos fondos para proyectos de ayuda, Baptist Mid-Missions era una misión que "plantaba iglesias", no una agencia de ayuda para los refugiados. De ninguna manera estábamos lo suficiente equipados como para satisfacer las necesidades de las miles de personas que venían a pedir ayuda, pero nadie sabía eso. Sus expectativas eran altas y sus visitas eran regulares.

Y yo era "complacedora"; quería que todos estén satisfechos con lo que yo hacía. Pero sin importar lo que yo hacía, nunca, nunca, era suficiente. Es más, si realmente llegaba a que alguien esté satisfecha con lo que yo había hecho, entonces sólo significaba que esa persona seguramente volvería a pedir más. Cada día, las peticiones eran más y más. Más y más expectativas que fueron entregadas a mí por los refugiados. Y claro que mi esposo y mis hijos también tenían expectativas. Me preocupaban todas las expectativas de todos. Me preocupaba la guerra. Me preocupaba de los niños. Más que todo, me preocupaba de mí misma.

Con mucho entusiasmo, comencé a enseñar una clase de confección y regalaba tela para los proyectos. Esto se convirtió en algo sumamente grande con expectativas aun más grandes. Cuando oí que se estaban construyendo "hoteles" de palos de barro para que se queden las grandes cantidades de gente que estaban llegando a Péhe para obtener tela gratis, me encogí. Con mucha vergüenza, me di cuenta que mi proyecto, que me había parecido una gran idea, se había convertido en una pesadilla que estaba afectando a todo nuestro equipo misionero. Toda mi vida estaba girando fuera de control y yo estaba completamente y totalmente cansada.

Después de que llegaron más cosas que habíamos mandado por barco, distribuimos cientos de cajas de ropa a iglesias dentro Liberia y en las áreas de refugio. Además de todo lo que llegó de los Estados Unidos, usamos fondos disponibles para comprar machetes para la agricultura, sandalias de goma, caldos deshidratados, aceite y medicamentos. Estos artículos eran sólo una gota del mar de necesidades físicas que había.

Ya realmente estresada, eran pocas las fuerzas emocionales que tenía para enfrentar la pesadilla que venía a continuación. Aunque los aldeanos que vivían en nuestra aldea decían que eran nuestros amigos, vimos un comportamiento que decía lo opuesto cuando llegaron dos visitas, hombres de la tribu Gio, que habían viajado desde los centros de Liberia para darnos la bienvenida de vuelta a África. Un hombre, ya mayor, declaraba que estas visitas habían personalmente masacrado a su familia durante un ataque a la aldea Krahn. Su hija adulta, una mujer a quien habíamos ayudado en varias ocasiones, escuchó la historia y fue a contar a todos. Nosotros sabíamos que no era posible que esto sea verdad, pues uno de los hombres Gio había estado en la escuela Bíblica cuando hubo esos ataques, pero la emoción intoxicó a la muchedumbre y la verdad era realmente irrelevante. Llevamos a las visitas a la casa de los Abernethy para que estén protegidos y antes de que nos demos cuenta de qué estaba pasando, un alboroto gigante se estaba armando. Cientos de personas se llenaron en el patio—algunos eran amigos, otros enemigos. Jóvenes enfurecidos gritaban obscenidades por las ventanas a nuestros invitados.

"No queremos atraparlos a ustedes—los queremos a ellos", la denominada portavoz me dijo. "Sólo mándelos afuera, y los dejaremos en paz".

Unos cuantos líderes de iglesias de Costa de Marfil se unieron a nuestro grupo, tratando de ver que se debería hacer. El alcalde de un pueblo cercano llegó después de hacer escuchado sobre el problema, y sugirió que su guardaespaldas dispare unas cuantas veces para asustar a la multitud y hacerlos dispersar. La situación tenía aspecto de pesadilla y realmente no presentaba ninguna solución obvia. Oramos por la sabiduría y protección de Dios, dos cosas que realmente necesitábamos.

Gritando y maldiciendo, jóvenes sacudieron el auto las tres veces que Mark trataba de llevar a las visitas a un lugar seguro en nuestro auto prestado de modelo Russian Lada. Las tres veces fue detenido. La oscuridad de la noche hizo que la situación sea aun más miedosa. Esta gente quería violencia e, increíblemente, nos habíamos convertido en sus enemigos al frústralos. Hambre por la sangre iluminaba los ojos que veíamos por las ventanas.

Por fin, un amigo marfileño pudo salir desapercibido de la casa, y logro hacerse llevar en moto al pueblo más cercano. Casi a la media noche, los policías llegaron con sus sirenas a todo volumen. La muchedumbre se dispersó como vapor. Hasta que se vayan los oficiales, llevándose a nuestros invitados, el tiempo pasó y ya era pasado la media noche. El alboroto había durado siete largas horas. Todavía en shock por la incredibilidad de todo el acontecimiento, nos entramos a nuestras camas para dormir terriblemente por el resto de la corta noche. A distancia se escuchaba el tocar de un bombo.

Mi corazón prácticamente se salió de mi pecho cuando al despertar en la mañanita, vi a un grupo de hombres cantando directamente al lado de la ventana de nuestra pequeña habitación, *"Un, deux, trois, quatre"*, ellos fuertemente cantaban juntos. Mi mente no sabía que pensar. ¿Acaso el bombo que había escuchado en la noche era una llamada para traer armamentos? ¿Acaso estaban viniendo estos hombres para matarnos?

No, sólo eran jugadores de fútbol, cantando mientras iban a la cancha para tener otra de sus prácticas tempranas. Este era un anuncio de que yo ya no iba a dormir. Haciendo algo que se había vuelto una costumbre para mí, me acomodé en mi cama, jale la sábana para que tape mi cabeza e imaginé que estaba en otro lugar. Donde sea, en cualquier otro lugar. Sin tener acceso a un automóvil en el cual uno podía confiar, o a un teléfono, radio o posta de correos local, me sentía completamente aislada y totalmente atrapada. Odiaba mi vida.

En los días después del Lunes Negro, como habíamos llegado a denominar a ese horrible día, los peores ofensores se acercaron para darnos excusas y tristes, desganadas disculpas. Peticiones, pidiéndonos asistencia económica o material, normalmente seguían estas "disculpas". Me irritaba. ¿Cómo podían hacernos esto? ¿Pedirnos ayuda durante el día, pero después estar dispuestos a matarnos durante la noche?

Aunque la amenaza inmediata pasó, el ambiente que había hecho posible que pase el Lunes Negro, todavía permanecía. Siendo bebes inocentes, fue necesario que algo tan grande como un alboroto pase para que nos demos cuenta de que la gente de Liberia no nos veía como lo suficientemente "grandes" como para no tomar lados en su guerra, inclusive tal vez pensaban que participaríamos en ella. Para ellos éramos "amadores de los Gio", que habían vivido más de tres años en Nimba. Ahora estábamos viviendo en un área que era casi cien por ciento Krahn. Estas eran las dos tribus que estaban más involucradas en la guerra. Aunque no vivíamos dentro de Liberia, igual vivíamos con las tensiones que la guerra en Liberia había creado.

Las enfermedades nos seguían. Todos los niños tenían varicela. Después, John-Mark y Nathan quedaron muy enfermos con un caso extremo de malaria, y el tratamiento normal que se daba para dicha enfermedad no estaba funcionando. Las fiebres de ambos chicos eran de más de 105F grados (40C), y no teníamos hielo para bajarla. Ardith lloraba mientras les daba inyecciones de quinina. "¿Qué he hecho, trayendo a mi familia a este lugar?" decía mi normalmente imperturbable esposo.

A mi no me tocó la varicela ni la malaria. Me enfermé con disentería. No debería haber sido una sorpresa, ya que era temporada de lluvias y vivíamos cuesta debajo de personas que no usaban baños. ("¿Por qué quisieras ponerlo todo en un lugar?") Además de eso, compartíamos el patio con una gran multitud de ganado que manufacturaba guano, al cual una variedad de especies exóticas de moscas estaban muy atraídas.

Aparte de tener los síntomas de la enfermedad, también tuve los quince posibles efectos secundarios que vienen con el medicamento. Estaba tan débil que apenas podía caminar. Los sonidos fuertes hacían vibrar mi cabeza, volviéndome loca. Mi cuerpo patéticamente delgado era un perfecto hogar para mis ojos planos y sin vida. Fui de sentirme deprimida a un estado de suicida.

Después de pasar tres meses en Péhe, justo en el momento cuando sentía que ya no podía estar allí ni un día más, un dúplex se abrió en Touléplu, un pueblo cercano con una población de algunos miles de personas. Ahora todo nuestro equipo podía irse. Ya que sólo había un vehículo de transporte para llevarnos a todos y a todas nuestras cosas, era necesario hacer varios viajes. Cuando por fin terminamos de llevar todo, con gran alivio le dije a Mark, "¡Por fin estamos solos!" esta era una declaración fuerte, considerando el hecho de que la familia Abernethy, Ardith y una pareja liberiana también pasarían la noche en el apartamento con nosotros.

Nuestro equipo misionero estaba completamente exhausto. El día después de que nos mudamos de Péhe a Touléplu, fuimos a Abidjan para descansar y para recoger provisiones que realmente necesitábamos. Mark, John-Mark, Nathan y Ardith fueron en un bus comercial, mientras los Abernethy, Melodie y yo nos metimos a un pequeño auto de modelo Lada. Al irnos, yo anuncié para animar a todos que, "Las cosas no pueden empeorar".

Estaba equivocada. Las cosas *siempre* podían empeorar. Tuvimos que parar en múltiples paradas de inspección, donde oficiales militares serios, llevando AK-47s y pistolas, se encargaban de revisar todo. "¿Quiénes son? ¿Dónde están yendo? ¡Muéstrenos sus documentos!" ellos nos gritaban en francés.

Y si eso no era suficiente, teníamos problemas con el Lada. La última vez que paramos, cuando ya no había remedio para el auto, era las cuatro de la mañana—justo en frente de una aldea. Me estremecí cuando vi que, con la llegada del amanecer y la luz, los aldeanos se despertaron y docenas de extraños se reunieron para mirarnos fijamente. Kim Abernethy, la única de nosotros que sabía suficiente francés como para comunicarse, fue mandada a Abidjan con una multitud de extraños para traer ayuda.

Eventualmente, fuimos rescatados. Horas después en la casa de huéspedes de Abidjan, exhausta y sucia, puse mi cabeza en la mesa y entre sollozos dije, "¡Siento que alguien me está persiguiendo con fuego!"

Unas cuantas otras familias misioneras se unieron a nuestro equipo misionero. Aunque esto era de gran ayuda en el trabajo, también trajo situaciones nuevas que aumentaron a mi ya estresada vida. Después de que Taylor y sus hombres se fueron del terreno de la misión y reubicaron su cede, algunos de los estudiantes de la escuela Bíblica regresaron. Los hombres misioneros decidieron que querían tratar de hacer seguir funcionando a la escuela Bíblica, entonces se tomaban turnos yendo a Liberia por una semana para enseñar, yendo de dos en dos. Mark también tenía un horario para ir, y cada vez que le daba un beso de despedida, me preguntaba si lo volvería a ver.

Al igual que en Péhe, la gente iba a nuestra casa constantemente. La gran cantidad de demandas que exigían nuestro tiempo, recursos y energía emocional era realmente asombrosa. No había manera posible de hacer todo lo que nos pedían hacer. Yo odiaba las visitas que incluían muchas quejas, diciéndonos que no estábamos haciendo lo suficiente y que lo que sí estábamos haciendo, lo hacíamos mal y para la gente equivocada. Odiaba las peticiones que venían cubiertas con mentiras obvias. Más que todo, odiaba todas las expectativas. Si no había nadie en la puerta pidiendo algo, yo entraba en pánico al sólo pensar en aquellos que seguramente estaban en camino para pedir algo más.

Una mezcla tóxica de miedo, resentimiento, autocompasión y depresión me perseguía. Yo estaba diciéndoles a todos que yo amaba a la gente de Liberia—después de todo, era una misionera—pero dentro de mí, la odiaba. No a cada individuo claro, pero definitivamente odiaba la presión que yo sentía de tener que satisfacer a un grupo de personas con necesidades insaciables. Pensaba en los misioneros que se encontraban en otras partes del mundo que *no* estaban sufriendo por Cristo. Estaba celosa de todos ellos. Pensaba en mi hermana gemela, viviendo su vida simple e idílica en Tennessee. ¿Cómo podría ser posible que las dos estábamos viviendo en la voluntad del Señor? ¡No era justo!

Hasta este punto en mi vida, los pensamientos de suicido eran habituales. En la oscuridad de la noche, mientras trataba de dormirme, pensaba en la muerte. Era mi secreta y deliciosa preocupación. Desesperadamente quería que mi vida acabe. La guerra parecía seguir y seguir, y el sólo pensar en seguir viviendo con esta gente por muchos años más, me traía pensamientos de desesperación, a los cuales no tenía la energía de combatir.

Mark no entendía porque yo estaba teniendo tantos problemas. Cuando le contaba mis cien mil preocupaciones, su respuesta estándar, con una pizca de irritación era, "No te preocupes de eso". ¿No te preocupes de eso? *¿Cómo?*

Sentía una tremenda presión viniendo de su parte, pidiéndome que tenga éxito, ¿y eso *qué* significaba? "¡Aguántate!" parecía ser la orden silenciosa de Mark. Teniendo el conocimiento de que Mark estaba dedicado a esta gente, mientras que yo dentro de mi contaba los años que nos faltaban para jubilarnos o pensaba en diferentes maneras de matarme, me sentía sin esperanza, avergonzada y culpable.

"¿Has estado haciendo tus devocionales (tiempo a solas con Dios)?" Ardith me preguntó un día después de que le conté todo. ¡Si sólo fuera tan simple! ¡Sí, estaba haciendo mis devocionales! Pero obviamente no conocía a este Dios a quien estaban dirigidas mis oraciones y el dueño del Libro que yo leía. No podía creer que un Dios de amor tomaría mi ofrenda de servicio misionero—a África, más de paso—y haría que las cosas salgan de esta manera.

Refugiados

El personal de la oficina central de nuestra misión nos animaba a tomarnos un receso de vez en cuando—ir a algún lugar de vacaciones. Sin embargo, nosotros éramos extranjeros en un país donde hablaban francés y no teníamos la menor idea de donde podíamos ir. Le rogué a Mark que vayamos a los Estados Unidos de vacación, pero como era muy caro, él sentía que ni siquiera era una opción. Nuestras "vacaciones" eran viajes tensos e incómodos a Abidjan para traer más provisiones.

En uno de estos viajes, Mark y yo llevamos a Ardith al aeropuerto de Abidjan. Dejamos a nuestros hijos, que tenían cinco, siete y nueve años, en Touléplu con algunos amigos misioneros. Después de dejar a Ardith en el aeropuerto, y de acomodarnos en la casa de huéspedes, Mark fue a buscar la cena. Una hora después regresó, preocupado. Un policía le había pedido su identificación. Ya que no tenía su visa con él, el policía le confiscó su pasaporte.

Mi corazón se congeló de terror. Si esto era una estafa, el pasaporte de Mark había desaparecido por siempre y no podríamos viajar. No podríamos llegar a nuestros hijos ni comunicarnos con ellos para hacerles conocer porque no estábamos regresando. Abandonando todo mi orgullo y cualquier apariencia, sin importarme qué pensarían el resto de los huéspedes al escuchar mi llanto, sollocé tan fuerte que prácticamente estaba aullando.

Este momento parecía encapsular a toda mi vida. ¡Estábamos atrapados! Absolutamente todo estaba fuera de control. Mi vida era una horrible pesadilla de la cual no había ninguna, ni una manera de escapar.

Mark me miró—mi cara torcida con angustia y cubierta de lágrimas—y declaró algo que era realmente obvio. "Tal vez sí necesitamos tomar un descanso".

El próximo día Mark recuperó su pasaporte y mientras íbamos en camino de vuelta a Touléplu y a nuestros hijos, sentí esperanza por primera vez después de mucho tiempo. Debido a un problema en la espalda que había estado causando mucho dolor a Mark y la continuación de mi desesperado "problema de cabeza" que nos estaba causando a ambos mucho dolor, Mark decidió que un viaje de vuelta a los Estados Unidos sería una buena inversión.

Un año después de nuestra llegada a Costa de Marfil, regresamos a Minnesota para pasar el verano con los padres de Mark. Nuestros compañeros de trabajo se fueron al mismo tiempo que nosotros y fuimos en diferentes caminos desde Nueva York. Sentía que habíamos escapado de una guerra, y en realidad, sí lo hicimos.

Capítulo 6: La Confrontación

De vuelta en Minnesota, nuestros parientes y amigos nos recibieron con mucho cariño. Sin embargo, aunque estaban muy felices de vernos, estaban preocupados de cuán estresados nos veíamos. Especialmente yo.

"Ustedes saben que Dios no estará enojado con ustedes si no regresan", nuestro pastor nos dijo cuando nos saludó. Estaba preocupado que un falso sentimiento de culpa nos motive a retornar. Los líderes de nuestra misión también estaban preocupados; los misioneros que llegaban sumamente cansados podían dejar el trabajo misionero completamente. La madre de Mark privadamente le aconsejaba que considere mis necesidades. ¿De qué serviría su trabajo misionero si terminaría perdiendo a su familia? Mi madre, que siempre animaba a las personas, inmediatamente se calló cuando, después de haberme preguntado acerca de mi relato negativo sobre nuestro año, le respondí emotivamente que, "Cuando llegue al cielo, Dios va a tener que explicarme este pasaje de la Biblia, 'Porque mi yugo es fácil, y ligera mi carga.' Porque esta carga era muy, muy, muy pesada.

Ahora lejos de los refugiados y disfrutando el sol radiante del verano, por fin comencé a relajarme. La mirada preocupada que antes tenía, ya no se veía en mis ojos. Era más que maravilloso tener el lujo más genial de todos—la privacidad—otra vez en mi vida. Deseaba que el verano nunca termine. Le *insistía* que nunca termine.

Llena de nueva esperanza y valentía, gracias a todas las personas que me decían que Dios *realmente* no esperaba que vuelva al trabajo con los refugiados, decidí que era hora de seguir adelante en otra dirección. La única cosa que estaba en el camino de que yo tenga una vida mejor era Mark.

Yo atacaba a Mark con cien mil razones por las cuales debíamos renunciar a este trabajo. Nuestros compañeros misioneros, en vez de regresar con nosotros, como habíamos planeado, estaban siendo transferidos a otro país. La guerra estaba empeorando y su fin no parecía cerca para nada. Nuestro compromiso era con Liberia, no con Costa de Marfil. Costa de Marfil no era un lugar seguro; ¿acaso no se acordaba del Lunes Negro? Además, no me gustaba ese lugar para nada. Y así, seguía y seguía con mis razones—Mark y yo estábamos en una batalla verbal de las voluntades. Sin vergüenza yo seguramente era la mujer de Proverbios—la fregada y molestosa. Obviamente Mark era un hombre muy persistente entonces necesitaba más que una persistencia regular.

La opinión pública estaba a mi favor. Todos en el lado oeste del Atlántico, o tenían una posición indiferente o estaban de acuerdo conmigo. Mark era la única persona en mi presente mundo que realmente creía que Costa de Marfil y el ministerio con los refugiados era la decisión correcta para nosotros.

Mientras públicamente trataba de llegar a un acuerdo con Mark, privadamente trataba de llegar a un acuerdo con Dios. Iría a donde sea, haría lo que sea—sólo con la condición que sea en cualquier otro lugar menos ese. Ya que Dios obviamente quería que yo sufra, y yo odiaba el clima frío, negocié con Dios, pidiéndole que nos mande a Alaska o a Siberia. ¡No me importaba si nunca veía el sol otra vez—simplemente no quería regresar a esa gente!

Después de muchas semanas de negociaciones, Mark se me acercó y me dijo que teníamos que hablar. Sentado a mi lado en el costado de la cama, Mark compartió conmigo lo que él pensaba de mi actitud sobre la posibilidad de regresar a Costa de Marfil. Él no estaba impresionado. Es más, en términos muy claros me dijo que estaba muy decepcionado de mí. En el pasado habíamos trabajado como un equipo, pero él sentía que ahora él tenía que arrastrarme por todo el mundo sin que yo realmente quiera ir. Después, me explicó cuáles eran las responsabilidades que él sentía que teníamos con los refugiados, lo que ya

La Confrontación

habíamos hecho, lo que faltaba por hacer todavía, y por último, compartió sus aspiraciones por un posible futuro en Liberia.

En silencio, yo le escuché. ¿Cuál era el punto de hablar? No cabía duda de que todo lo que Mark estaba diciendo era verdad. Aunque el ministerio con los refugiados era difícil, mucha gente había llegado a conocer a Cristo a través de los estudios Bíblicos, cultos en la Iglesia y las reuniones evangélicas. La cosecha realmente estaba madura.

¡Pero yo sabía que yo también tenía razón! El trabajo con los refugiados *sí* era horrendo. La gente *sí* era malagradecida. *No* era el tipo de trabajo que pensábamos que íbamos a tener. La guerra *sí* había cambiado todo. Obviamente no podíamos regresar.

Mark seguía y seguía hablando. Luego, después de su "sermón" de cuarenta y cinco minutos, dio una "invitación". Anunció que, "Si tú sientes que no *puedes* regresar, entonces no lo haremos. Pero si simplemente no quieres, entonces sí lo haremos. Entonces, ¿Cuál de las dos es?"

¿Cuál de las dos era? ¡Aquí tenía mi oportunidad! Aunque ese momento debería haber sido uno de gritos de victoria y libertad, sentía como que Dios me estaba agarrando de las orejas y diciéndome firmemente con su voz de padre, "¡Piensa, Nancy! ¡Piensa!" El problema y la decisión inmediatamente se convirtieron en algo más complicado. Es más, parecía ser que hasta mi vida dependía de esta decisión. Después de una larga pausa, en la cual contemplaba lo que iba a decir—como iba a responder a esta presentación de opciones que me había sorprendido y que había sido formulada de una manera tan perfecta—respondí con completa honestidad. "¡Sí puedo regresar, pero *no quiero!*"

Mirándome a los ojos, su rostro lleno de alivio, Mark respiró profundamente y dijo, "Muy bien, entonces vamos a regresar. Y tú vas a tener una buena actitud hacia esta decisión".

Guau. ¿Eso era todo? ¿Ya nada más de discusión? ¿Ya no más negociaciones? Ya que le había admitido a Mark que *sí* podía regresar, él parecía estar absolutamente determinado que eso era justamente lo que íbamos a hacer—y lo íbamos a hacer lo más antes posible.

Mark habló por unos minutos más. Él hizo muy claro lo que él esperaba de mi—cooperación. El quería que trabaje con él para que podamos hacer todos los arreglos e irnos de los Estados Unidos lo más antes posible. Después de todo, ya habíamos estado más tiempo de lo planeado en este tiempo de descanso.

Sentada en la cama, mientras escuchaba a Mark hablar, me di cuenta que tenía que tomar una decisión. Podía seguir el liderazgo de Mark, aunque yo pensaba que era un gran error, o podía negarme a hacerlo. Si hacía lo que Mark estaba pidiéndome y regresaba, yo sabía exactamente como sería mi vida. Horrible. Al contrario, si me negaba a regresar—aunque técnicamente sabía que *podía* hacerlo—todos entenderían. Es más, apoyarían mi decisión. Después de todo, ¿quién podría culparme por no querer regresar a un estilo de vida que ellos ni siquiera considerarían tener?

Muy bien. ¡Lo haría! Regresaría con Mark al trabajo con los refugiados si eso es lo que él tanto quería. Pero esta era *su* decisión, no mía. Si era horrible (y yo estaba segura que lo sería), sería su culpa. Si lo mataban (y yo estaba segura que tal vez lo harían), sería su culpa. Todo estaba fuera de mis manos.

Salí de la habitación determinada a hacer un buen trabajo y dar todo de mí. Si Mark quería tomar una mala decisión, ese era su problema. El definitivamente no necesitaba que yo trabaje contra él. Yo sabía en qué consistía el trabajo con los refugiados y no tenía que ser un genio para darme cuenta de que este plan no iba a funcionar. Mark se daría cuenta que yo tenía razón y después renunciaríamos a este ministerio que era ridículamente imposible de cumplir, y nos iríamos a otro lugar más decente.

Oficialmente libre de cualquier responsabilidad que vendría con esta decisión, sorprendentemente, me sentí mucho mejor. De manera completa y con alegría ayudé—¿cuál era el punto de hacerlo de otra manera? —con todas las compras de último minuto y me encargué de los detalles para el viaje internacional. En diciembre de 1992, regresamos a Costa de Marfil con un

La Confrontación

montón de cajas de Rubbermaid llenas de cosas para nuestro ministerio y regalos de Navidad para la familia y los amigos.

Aunque todavía no estaba muy entusiasmada con la decisión de Mark sobre nuestro retorno a Costa de Marfil, tenía que admitir que sí estaba muy feliz de salir del invierno frío de Minnesota. Algo que me tomó completamente por sorpresa es que mi humor era igual que el clima trópico—caluroso y soleado. Cuando fuimos a Abidjan para visitar a amigos, dejar regalos de Navidad y hacer algunas otras cosas, me di cuenta que no me sentía ni abrumada ni estresada, sentimientos que había tenido durante todo mi primer año en Costa de Marfil.

Dos días después de que llegamos, mientras descansaba en la casa de huéspedes durante la tarde, trataba de entender mis emociones inesperadas. Había algo diferente esta vez. Muy, muy diferente. Y algo estaba pasando. ¿Qué era este sentimiento que sentía? Estaba creciendo. ¿Por qué me sentía tan…tan qué? Me sentía completamente libre y ligera. Inclusive con el cansancio del viaje me sentía boyante. El contraste que existía entre mi depresión pasada y esta alegre libertad que sentía ahora me fascinaba.

Me moví a donde Mark estaba descansando, mi mente funcionando rápidamente mientras yo trataba de descifrar estos sentimientos. Eran tan abrumadores. "¿Qué me está pasando?" pregunté asombrada y con lágrimas cayendo de mis ojos. "¿Qué me está *pasando*? ¿Por qué me siento así? Me siento diferente. ¡Me siento…*feliz*!"

¿Alegría? Sí, es más, *llenísima* de alegría. ¡Era realmente glorioso!

¿Acaso Dios me estaba mostrando algo a través de este diluvio abrumador de alegría que estaba sintiendo? ¿Será que el haberme rendido al liderazgo de Mark, me había liberado de una esclavitud de la que no me había dado cuenta? No sabía. Pero la única cosa que sí sabía, era que me sentía libre. Y en vez de soñar con mi muerte, soñaba con toda la esperanza que mi futuro ofrecía.

Ese día por primera vez comencé a entender, aunque sea sólo un poco, el significado espiritual de mi sumisión. Había sido no sólo sobre mi obediencia a Mark y su liderazgo, pero más importante, sobre mi obediencia a Dios. Mi decisión de confiar en la Palabra escrita de Dios al someterme a la autoridad de mi esposo—aun cuando no estaba de acuerdo con él para nada—realmente había honrado a Dios.

Durante los siguientes días y semanas pensé y analicé mucho. Al tomar la decisión junto con Mark de trabajar con los refugiados, yo había sin intención ayudado a dirigir a la familia. Por lo tanto, el desastre que vino a nuestras vidas era tanto mi responsabilidad como la de Mark.

La distinción entre haber tomado una decisión juntos y seguir su liderazgo era tal vez sutil, pero sin embargo igual era la fuente de mi conflicto interno. Esta vez era diferente. Mark estaba tomando la decisión y yo estaba sometiéndome a su liderazgo. La carga de responsabilidad era completamente suya y yo fue liberada para enfocarme en las responsabilidades que sí eran mías.

Avergonzada, me di cuenta que aquel primer año horrible de trabajo con los refugiados había revelado quien era yo en realidad, y que aunque sí era verdad que mucha gente había pecado contra mí, no podía culparlos por cómo yo había reaccionado. Yo, Nancy Sheppard, no era una chica buena que había sido mandada por Dios para rescatar a mi esposo loco y divertido. ¡Es más, yo era un desastre!

Y aunque él no se había deshecho como yo, Mark se estaba dando cuenta de que él también era responsable por la crisis que había ocurrido. Él no me había protegido lo suficiente emocional ni físicamente. Él me había pedido que haga cosas que en realidad deberían haber sido sus responsabilidades, pero me las dio simplemente porque él no quería hacerlas. Adicionalmente, su liderazgo había sido extremadamente pasivo en algunas ocasiones y esto me tentó a llenar el espacio que esto creaba. Ahora que volvíamos por segunda vez, yo estaba muy consciente de cuánto en realidad yo quería que Mark sea el líder. Cuán

La Confrontación

desesperadamente yo *necesitaba* que él sea el líder. Sintiéndome más humilde que nunca antes en mi vida, realmente tenía miedo de mi misma. Tomé la decisión que sin importar cuán pasiva o cuán difícil de discernir, yo trataría de ver qué era lo que Mark quería y me sometería a su liderazgo. No fue sorpresa ver que cuando Mark entendió que yo estaba atenta y esperando que él guie, él empezó a dirigir más claramente. Adicionalmente, Mark dejó de usar la antigua e inefectiva estrategia motivacional de "aguántate". Él se tomaba más tiempo para considerar si ciertos ministerios o proyectos si quiera deberían estar bajo mi responsabilidad, y si no deberían estarlo, entonces o se hacía cargo de ellos él mismo, o se los delegaba a alguien más.

Mark y yo nos dimos cuenta que habíamos estado viviendo físicamente en Costa de Marfil, pero mentalmente en Liberia, creando un conflicto interno. Decidimos empezar a llamar a Costa de Marfil nuestro "hogar", y tratar de hacer todo lo posible para que podamos sentirnos en casa. En vez de suponer que yo sobreviviría como sea, Mark se dedicó a arreglar todo lo que necesitaba ser arreglado. Hicimos todo lo posible para que la casa sea un hogar, plantamos un jardín, y aunque suene chistoso, contratamos a alguien que se siente afuera de nuestra puerta para hablar con los extraños que llegaban para pedir cosas. Si la petición calificaba para ser considerada, entonces nos avisaban de ella. Si no, entonces la petición era negada y el individuo o individua seguía su camino. Esto no sólo nos daba más tiempo, pero también nos ayudaba a poder resistir la tentación de sacrificar lo importante en el altar de lo inmediato.

Yo estaba sumamente agradecida por todo lo que hacía que mi vida sea más fácil. Apreciando todos los esfuerzos que Mark hacía, me di cuenta que yo trataba más que nunca de complacerlo. Él, realmente agradecido que yo le había seguido de vuelta a esta vida nada idílica, estaba tratando más que nunca, de complacerme a mí. Se convirtió en algo como un concurso de quien podía complacer al otro más. No fue sorprendente ver que, ya que los dos estábamos haciendo todo lo posible de complacer al otro, estábamos más enamorados que nunca antes.

Aunque estos cambios mentales y físicos habían hecho que nuestra vida en el hogar sea más manejable, la realidad de nuestra situación fuera del hogar no había cambiado. Las consecuencias de vivir tan cerca a una zona de guerra tenían ramificaciones semanales y hasta diarias sobre nuestras vidas. En una ocasión, los soldados de Taylor mandaron una bomba de Liberia a Costa de Marfil, matando a unas cuantas personas y asustando a miles. En otra ocasión, los porta-rumores reportaron que los rebeldes estaban planeando en atacar el área de Touléplu. Los refugiados, asustados, huyeron de sus casas. La gente de las facciones venía a reclutar a voluntarios, entrando y saliendo de la zona, y causando mucha tensión. Los policías de Costa de Marfil, cansados de lidiar con todos los problemas creados por los refugiados, anunciaron que matarían a quien sea, que en cualquier forma, los amenace. Cuando un refugiado sacó un cuchillo en el mercado, los policías no lo arrestaron—le dispararon siete veces.

Desafortunadamente, nosotros éramos uno de los problemas con los cuales las autoridades locales tenían que lidiar. Siempre estábamos siendo acusados de estar involucrados en el conflicto, algunas veces de manera peligrosa, pero también muchas veces de maneras muy chistosas. Aquellas personas que no creían que éramos "misioneros", trataban de dar alguna otra razón de porque estábamos en un lugar en el rincón de la nada. El rumor que corría era que éramos agentes de la CIA, trabajando para el gobierno americano. El hecho de que sería realmente ilógico traer a tres niños en una misión tan peligrosa y secreta, no cruzaba las mentes de aquellas personas que realmente creían que esa era la razón por la que estábamos en Costa de Marfil.

Una vez uno de nuestros compañeros de trabajo fue visto en su vehículo con un hombre que usaba lentes de sol como los que usaba Charles Taylor, y después fue acusado de haber llevado a Taylor en su auto. El hecho de que Taylor era muy inteligente como para hacer autostop en la zona enemiga no cruzaba sus mentes. Para protegernos de acusaciones parecidas a esa, las

La Confrontación

autoridades nos prohibieron transportar en nuestros autos a personas que no conocíamos personalmente.

Un día, el sous-prefecto, la persona que lleva el poder más alto del gobierno en una esfera local, y unos cuantos miembros de la gendarmería me sorprendieron un día mientras estaba sentada en nuestro living, pasando clases con nuestros hijos. Sin tocar la puerta entraron bulliciosamente a nuestro dúplex y demandaron saber por qué había una antena de radio en nuestro patio. Yo grité, "¡Mark!" y quedé sorprendida con cuán rápido llegó a donde estábamos nosotros. Mientras les asegurábamos rápidamente que la bajaríamos, el equipo de la gendarmería confiscó el equipo de radio, para el que usábamos la antena, de nuestro amigo misionero.

¿Por qué todo el alboroto? Otra vez nos estaban acusando de ser espías de los rebeldes de Charles Taylor. ¿Las pruebas? La antena de radio, obviamente. Pero nosotros ya sabíamos cuales eran las verdaderas "pruebas"; habíamos vivido en Tappita por tres años, entonces obviamente nuestra lealtad era con los Gio. Irónicamente, cuando vivíamos en Tappita, nos acusaban de estar del lado de los Krahn. ¿Las pruebas? No habíamos reportado ningún plan de masacre. Era seguro que sabíamos que los Krahn estaban planeando una masacre contra los Gio, ya que vivíamos entre ellos.

Tomando en cuenta a estas amenazas y a otras que tuvimos, comencé a entenderme mejor. Aun sabiendo cuan terribles eran las amenazas físicas o políticas, tenía que admitir que temía aun más las expectativas que la gente tenía. También tenía que admitir que mi deseo de complacer a la gente de Liberia no era tanto por ayudarlos, pero más porque tenía miedo de decepcionarlos. No podía aguantar la mirada—aquella que decía, "Estaba contando contigo, y me fallaste". Aunque a veces sentía que había decepcionado a la persona y otras veces a Dios, lo que más me frustraba era que había fracasado en mostrar que yo era una persona amable, agradable, considerada y en pocas palabras, asombrosa.

Por primera vez en mi vida le pedí a Dios que me mostrara, realmente mostrara, como soltar esta carga horrible de complacer a las personas. Él me hizo recuerdo de Peregrino, del *El Progreso del Peregrino*, y como él dejó sus cargas y bultos en frente de la cruz. Mentalmente comencé a hacer lo mismo—puse mi carga en frente de la cruz. Cuando la preocupación volvía a subirse en mí, lo volvía a hacer. Una y otra vez. Cuando primero comencé a hacer esto, la carga sólo se quedaba en el piso por poco tiempo, un segundo o un minuto. Eventualmente, la carga se quedaba en el piso por más de un minuto. Con el tiempo, empecé a disfrutar de una media hora, después de una hora libre de miedo. Mientras las semanas se convertían en meses, me encontré casi completamente libre de los miedos que antes habían controlado mi vida.

"Nancy, *sí* has cambiado", Ardith observó un día cuando me vio muy entusiasmada del plato chino que yo iba a preparar usando ingredientes locales. Ella definitivamente podía confirmar algo como eso ya que vivía con nosotros. Y no cabía duda que yo sí había cambiado. Otra vez estaba disfrutando de mi familia. Otra vez disfrutaba las manualidades y los pasatiempos. Pasaba horas leyendo libros de cocina, cociendo ropa para mis hijos y trabajando en el jardín.

Encontramos un lugar en Costa de Marfil al cual podíamos ir durante nuestro tiempo de descanso. San Pedro, una ciudad costera, tenía acomodaciones con precios razonables que tenían la privacidad que desesperadamente necesitábamos. Mientras los niños jugaban, yo miraba el océano. Las olas gigantes que entraban y salían, chocando contra las piedras grandes, daban una perspectiva nueva a los problemas humanos.

Me acordé de Jeremías 5:22- "¿A mí no me temeréis? Dice Jehová. ¿No os amedrentaréis ante mí, que puse arena por término al mar, por ordenación eterna la cual no quebrantará? Se levantaran tempestades, mas no prevalecerán; bramarán sus ondas, mas no lo pasarán". Dios había marcado una orilla para el océano. Algo tan masivo estaba bajo su control. Me dio confianza de que mi vida también estaba segura con Él.

La Confrontación

Mientras nos acercábamos a cumplir nuestro segundo plazo de tres años de servicio en 1994, la realidad de las lecciones que Dios me estaba enseñando fue puesta a prueba. Mark empezó a sentir unas sensaciones raras y dolorosas por su corazón, especialmente cuando se acostaba. Al principio no estaba muy preocupado, pero después de varias semanas con el mismo dolor, comenzó a preguntarse si tal vez estaba realmente enfermo. Finalmente, un día, después de muchas horas de dolor, Mark tomó una decisión. Iríamos a ver a un doctor en Ferké, una ciudad pequeña al norte de Costa de Marfil, donde había un hospital atendido por misioneros que hablaban inglés.

Rápidamente alistamos ropa y algunas provisiones de baño, y comenzamos nuestro viaje. Mientras salíamos de la ciudad, oraba en voz alta pidiendo seguridad y protección durante nuestro viaje. Mark se concentraba en manejar y los niños jugaban en el asiento trasero. Aunque estaba preocupada por su dolor, estaba feliz que podríamos obtener la ayuda que Mark necesitaba, y estaba emocionada de visitar Ferké, ya que aunque nunca lo había visitado, había escuchado mucho sobre él.

Llegó desastre cuando pasamos por Bloléquin, una ciudad que se encontraba a una hora y media de Toulépleu. Era un día de mercado ocupado, con cientos de peatones caminando alrededor de la zona del mercado y sobre la carretera. Mark disminuyó la velocidad del camión. Mientras íbamos por la carretera, los dos vimos a una chica de alrededor de doce años que no estaba poniendo atención en lo mínimo a la circulación de vehículos mientras charlaba con su amiga. Después ambos la vimos, sin advertencia, dejar a su amiga y correr a la carretera justo en frente de nuestro auto. Mark pisó el freno lo más rápido que pudo y viró bruscamente el camión para no chocar contra ella. Tomó segundos para que el auto pare. Sin embargo, era muy tarde. Al momento exacto que el camión paró, ella estaba justo en frente de él. Ella dobló su cabeza y me miró directamente a los ojos, completamente sorprendida. Después rebotó del capote del auto con un golpe horrendo. "¡Oh no!" gritó Mark mientras nosotros gritábamos de miedo y de horror.

La chica herida estaba tirada en el pavimento inconsciente. Aunque la única herida visible era una rastrillada de dos pulgadas por cuatro, con un poco de sangre en ella. Por su inmovilidad tenebrosa, era obvio que la situación era extremadamente seria.

No estaba pasando nada más interesante de lo que estaba ocurriendo en la carretera, y en un transcurso de minutos, cientos de compradores del mercado se habían acercado para ver el espectáculo. Un accidente como este era una pesadilla para cualquier persona donde sea que se encuentre, pero en Costa de Marfil, era especialmente peligroso. Habíamos oído muchas historias sobre parientes que querían vengar a los heridos o muertos matando a los conductores. Estábamos muy conscientes de nuestra completa vulnerabilidad ante la multitud de personas que nos rodeaba.

Aunque había mucha actividad y conmoción, nadie nos estaba amenazando en ninguna manera. Y, sorprendentemente, ni una persona estaba insinuando que el accidente había sido culpa de Mark, a pesar de que la niña inconsciente estaba tirada en el pavimento. Los espectadores estaban completamente tranquilos. Sorprendentemente, yo también estaba tranquila. Pude consolar a Mark durante un tiempo en el que realmente necesitaba ser consolado y él definitivamente *no* necesitaba a una esposa que estaba fuera de control.

Unos cuantos hombres aparecieron con una camilla y se llevaron a la niña a una clínica local. Fuimos a la gendarmería donde un montón de personas rápidamente se reunió. Unos cuantos policías nos interrogaron a Mark y a mí. Era una situación tensa, pero no nos sentíamos amenazados. Periódicamente alguien regresaba con noticias de la clínica. Tuvimos mucha esperanza cuando nos dijeron que no había huesos rotos y que la niña estaba mejorando. A pesar de las noticias animadoras, después de dos horas la niña murió, es de suponer que fue de heridas en la cabeza. Incluso al escuchar esa noticia, me mantuve tranquila. Pude tranquilizar a Mark, que se

La Confrontación

sentía terrible por haber causado, aunque haya sido sin intención, la muerte de una niña.

Incluso mientras nos sentábamos en esta oficina extraña en esta ciudad extraña, analicé mi reacción a la tragedia. Estaba viviendo una pesadilla, pero igual me sentía tranquila y llena del amor y cuidado de Dios. Y gracias a eso pude cuidar de Mark y de mis hijos en vez de necesitar que alguien me consuele a mí. Casi esperaba ver a los ángeles que sentía alrededor nuestro.

Mientras nos íbamos de la gendarmería, un montón de preguntas se formaban en mi mente. La pregunta más notable era, ¿por qué había pasado esto? ¿Por qué había permitido Dios que pase esto? Y, ¿quién era este Dios? Yo había orado específicamente pidiendo seguridad cuando comenzamos el viaje, pero igual había ocurrido esta tragedia. Pero al dejar que esto suceda, Él había mostrado gracia. Para una persona que recientemente había luchado contra el miedo, el ser testigo de la gracia sostenedora de Dios mientras una pesadilla se volvía realidad era realmente tranquilizante.

Continuamos nuestro viaje al hospital misionero donde el problema médico de Mark fue diagnosticado. Afortunadamente no era algo muy serio. Mark tenía una hernia de hiato—algo que muchas veces imitaba los dolores y síntomas de un problema del corazón.

Meses después del accidente me enteré que muchos de los miembros de nuestro equipo misionero secretamente se habían preguntado si este acontecimiento sería la "gota que haría rebalsar el vaso" y si renunciaríamos al trabajo que teníamos con los refugiados de Liberia. Cuando escuché esto verbalizado, me di cuenta cuanto había crecido; esa opción ni siquiera se me había ocurrido. Dios realmente estaba cambiando mi corazón temeroso.

Capítulo 7: Heidi

Cuando retornamos por segunda vez a los Estados Unidos en 1994 para visitar a nuestros parientes e iglesias, yo era una persona completamente diferente a la demacrada, egoísta mujer que había sido hace dos años atrás. La alegría se podía ver claramente en mi rostro. Otra cosa también era muy obvia, estaba embarazada. A propósito.

John-Mark, Melodie y Nathan tenían once, nueve y siete años. Todos suponían, al igual que nosotros, que ya habíamos terminado con la "época de tener bebes". Sin embargo, durante el tiempo que Dios iba trabajando en mi corazón sobre mi sumisión a la autoridad de Mark, también me mostró que yo tenía una visión equivocada de los niños en general, pero en especial de los *míos*.

John-Mark, Melodie y Nathan- 1994

Aunque yo los quería muchísimo, me sentía culpable del tiempo que yo pasaba ocupándome de su cuidado. Esta manera de pensar efectivamente nulificó la importancia de más o menos el noventa y cinco por ciento de mi vida. No era que alguien me estaba obligando a hacer otras cosas con mi tiempo; yo me estaba presionando a mí misma. Culpabilidad, culpabilidad y más culpabilidad.

La situación era aun peor cuando mis hijos eran más pequeños y requerían de más de mi tiempo y energía. ¿Acaso alguien estaba aceptando al Señor porque yo limpiaba la nariz de este pequeño? ¿Acaso el hecho de que yo estaba recogiendo estos juguetes estaba causando que alguien viva de una manera más justa? ¿Si quiera era yo una buena misionera si casi todo mi tiempo iba a cuidar de mis hijos y esposo? Irónicamente, yo sabía que el cuidar de los hijos de otras personas era valioso—eso sí era un ministerio. Lo que yo cuestionaba era el valor que tenía el cuidado que yo daba a mis hijos.

Durante mi niñez y adolescencia, fui bombardeada por la importancia de un buen servicio cristiano. Lo único que yo conocía era que si no estabas haciendo eso, entonces te estabas preparando para la culpabilidad. La verdad es que aunque yo podía Bíblicamente refutar a cualquier argumento que decía que éramos "salvados por las obras", inadvertidamente estaba viviendo una teología que decía, "salvada por la gracia, pero asegurada por las obras". La culpa era lo que guiaba mi vida, entonces el tener un montón de ministerios cristianos me hacía sentir segura. Es obvio que eso me garantizaría el amor de Dios.

Leí el libro de Mary Pride, *The Way Home: Beyond Feminism, Back to Reality* (De Regreso a Casa: Más Allá del Feminismo, De Vuelta a la Realidad). La autora hablaba a las mujeres cristianas, desafiándolas a ver si en su vida realmente ellas eran feministas. ¿Será que inadvertidamente se habían dejado llevar por el pensamiento secular y moderno?

Me quedé sorprendida. Aunque yo había obtenido mi licenciatura de una universidad cristiana y había enseñado todo lo correcto en seminarios para mujeres, dentro de mí sabía que yo no consideraba a mi hogar como mi ministerio más importante. ¡Es más, en la lucha larga de criar a nuestros tres pequeñines, había pedido a una de mis amigas que me dé un *sopapo* si alguna vez me ponía a hablar sobre tener otro bebé! Mark estaba encantando y yo estaba desilusionada con la noticia de que Dios quería que tenga otro bebé.

Entonces, mientras disfrutábamos de nuestro tiempo en los Estados Unidos, yo mostraba a todos mi gran pancita. Seguramente las personas que nos veían a mí y a Mark con nuestros tres hijos pequeños pensaban, "¡Uy, que metida de pata!". Pero yo sabía que todo iba a estar bien. Este bebé había sido planeado. Dios la había planeado.

Heidi y Melodie, 1995

Heidi Suzanne Sheppard nació el 27 de septiembre de 1994. Mientras cargaba a esta pequeña, perfectamente formada bebe, realmente entendí—esto era ministerio. Cuando le cambiaba el pañal a Heidi o le limpiaba la nariz, lo hacía en primer lugar, por Dios. Cuando ella lloraba y yo la tranquilizaba, lo hacía por Dios. Un beso tierno en su cachete pequeño y suave era un beso de parte de Dios vía mis labios. Yo estaba criando a una criatura que tenía un alma que viviría por siempre. Yo era una madre, y mi trabajo era infinitamente valioso para Dios.

Capítulo 8: Sorprendida por el Poder de la Oración

Liberia estaba en todas las noticias alrededor del mundo, haciéndose conocer como el país con la guerra horripilante y extraña. Los datos estadísticos que se presentaban, diez mil personas muertas o desaparecidas, eran realmente muy abrumadores y uno no sabía cómo entenderlos. Sin embargo, los artículos noticieros macabros que trataban sobre luchadores que entraban a la batalla con trajes largos y pelucas de mujeres, eran realmente inolvidables.

Algunos luchadores locos y drogados como el General Extremo Desnudo, que dirigió a sus tropas igualmente locas a la batalla usando sólo zapatos de cuero-up de encaje, eran infames por su crueldad y su completa indiferencia hacia la vida humana. Las barrigas de  mujeres embarazadas eran cortadas para determinar el ganador de la apuesta: ¿será hombre o mujer? Los sacrificios de niños y el canibalismo eran muy comunes. Los corazones, genitales y cerebros eran consumidos, supuestamente porque, al igual que los trajes largos y las pelucas, traían poder y protección.

La compasión del mundo entero fue despertada al ver la gran cantidad de niños, algunos de siete u ocho años, que eran reclutados para el ejército. Verlos en las batallas, a veces cargando rifles del mismo tamaño que ellos, no era algo fuera de lo común.

Los niños eran perfectos para ser soldados porque, en cuanto les daban cocaína o cualquier otra droga que altera la mente, hacían lo que se les pedía sin ningún problema. A parte de obedecer a sus mayores, ellos también aprendían a imitarlos: niños de doce años violaban a mujeres que eran mayores que sus madres.

Las niñas de ninguna manera fueron excluidas de todo esto. Algunas se convirtieron en soldadas y otras en esclavas de sexo. Algunas fueron ambas. Pequeñas niñas, al igual que adolescentes, eran obligadas a dejar a sus familias y a desempeñar actos sexuales, o morir. Uno de nuestros amigos que era pastor tuvo que ver como se llevaban a sus dos hijas, pero a diferencia del resto de la gente, él fue lo suficiente valiente como para arriesgar su vida y confrontar a los captores. Unas horas después, sus hijas fueron liberadas sanas y salvas. A comparación con muchas otras historias, la suya tuvo un final feliz.

ECOWAS (la CEEAO, Comunidad Económica de Estados de África Occidental), mandó a su "grupo de monitoreo", ECOMOG, para que mantuviera la paz. Desafortunadamente, muchos de los tres mil soldados, junto con otras personas que se unieron a ellos, se juntaron a uno de los dos lados del conflicto. Adicionalmente, en vez de ayudar a los ciudadanos, encontraron maneras de hacerse ricos, a expensas de los ciudadanos. Provisiones robadas desaparecieron después de ser embarcadas en botes. En las mentes de los ciudadanos extremadamente cínicos de Monrovia, ECOMOG tenía otro significado: "Todo auto u objeto en movimiento desaparece".

Ya que no podía apoderarse del gobierno legítimo de Liberia, Taylor decidió crear un estado paralelo de todo el terreno interno que él controlaba. Él llamaba a este nuevo lugar, "Gran Liberia", y esta estaba en constante conflicto con los muchos gobiernos de transición de Monrovia. En todo lo que quedaba de Liberia, existían varios otros jefes militares que peleaban contra Taylor y entre ellos mismos. Igual que Taylor, ellos deseaban tener control de las minas de minerales, la goma, madera y cualquier otra cosa que tenga valor.

Nosotros siempre estábamos orando por paz, y me tomó unas cuantas rondas de "acuerdos de paz" para que me dé cuenta que la última cosa que un jefe militar quiere es paz. ¿Qué ganancia puede sacar uno de la paz?

Para evitar los horrores de la guerra en curso, diez mil refugiados se quedaron en sus hogares de "palos de barro" en las aldeas y ciudades de Costa de Marfil.

En junio de 1995, viajando con cuatro niños, atravesando cuatro aeropuertos internacionales—Minneapolis, Zúrich, Ginebra y finalmente Abidjan—retornamos a África y a nuestro trabajo con los refugiados después de nuestro viaje de un año.

Después de dos semanas de vuelta en Abidjan, fuimos a Bloléquin, donde había ocurrido el terrible accidente menos de dos años atrás. Aunque debido a los recuerdos claros, este lugar era el último lugar en donde yo quería vivir, sabía que era donde Dios nos quería para su ministerio. A Mark le habían pedido que se encargue de la construcción y administración de una nueva clínica de la misión, al igual que pedirle que ayude con cualquier otro ministerio cuando sea necesario. Nuestro equipo misionero estaba compuesto por tres parejas y Ardith Maile, mi amiga enfermera que había vivido con nosotros en Touléleu.

A nuestra familia le estaba yendo bien. Los niños amaban África y cooperaban muchísimo en nuestro trabajo misionero. También estaban disfrutando mucho de su hermana bebé, Heidi. Ella era menor que Nathan, el que antes era el bebé de la familia, por ocho años, y por lo tanto, estaba creciendo en un hogar lleno de personas grandes—y esto a ella le encantaba. Heidi era la "princesa" y nosotros éramos su "público". Era muy claro para nosotros que Heidi estaba en camino a ser completamente mimada, a no ser que haya un cambio radical. La solución obvia era la competencia. Yo estaba embarazada otra vez.

Fue una sorpresa que el parto fue muy largo y doloroso, ya que Jared era mi quinto hijo. Nuestro equipo misionero pudo respirar tranquilamente cuando Jared nació de nueve libras y cinco onzas (4.2 kilogramos), un poco después del medio día el 18 de marzo de 1996. Yo supuse que lo peor ya había pasado y estaba esperando ansiosamente el poder criar a mi nuevo y hermoso bebé.

Desafortunadamente, las cosas no resultaron así. Lo peor no había pasado. Poco después de haber nacido, Jared comenzó a tener diarrea muy fuerte. Ya que era un bebé grande, al principio me preocupé, pero no estaba excesivamente alarmada. Sin embargo, cuando pasaron muchas semanas y el problema seguía, y los hoyuelos y rollitos de Jared comenzaron a desaparecer, me di cuenta que la situación era realmente terrible. Mi mente se llenó con un millón de explicaciones que variaban desde alergias a la leche hasta malformación de órganos internos.

Traté de luchar contra el pánico. Me sentía aislada de ayuda médica adecuada y del apoyo de parientes y familia. ¿Qué debo hacer? ¿Qué *podía* hacer? ¿Debería viajar con Jared a los Estados Unidos? Aunque yo nunca había hecho un vuelo internacional sola—menos con un bebé pequeño—estaba dispuesta a hacer lo que sea.

Jared, John-Mark, Melodie, Heidi y Nathan- 1996

Finalmente, después de semanas de preocupación, Ardith sugirió que hagamos revisar sus heces para ver si tenía disentería. Ella nos lo había sugerido antes, pero como las posibilidades de que sea eso eran tan pocas—uno muchas veces llega a tener disentería por tener contacto con agua o comida contaminada—yo lamentablemente no había hecho caso.

Los análisis resultaron positivos. Lo que él tenía era disentería. Empezamos el largo tratamiento de Jared, y a pesar de mi temor que él no reaccione bien a los medicamentos como lo había hecho yo en Péhe, los efectos secundarios del medicamento no tuvieron ningún efecto en él, y dentro de una semana ya estaba recuperando todo el peso que había perdido.

Durante el tiempo que la salud de Jared iba empeorando y él se volvía más flaco cada día, Mark y yo oramos como nunca lo habíamos hecho antes. Estábamos lejos de los Estados Unidos y el cuidado médico que ofrecía, y nos sentíamos desesperados. Sabíamos que sólo Dios podía ayudarnos.

Uno de los días de nuestra gran lucha, después de otra ronda de oraciones, Mark dijo, "Cada temporada que hemos tenido Dios nos ha enseñado algo nuevo. Tal vez durante este tiempo nos quiere mostrar cómo deberíamos orar".

Esa era una idea muy interesante. ¿Acaso podía Dios enseñarme cómo realmente deberíamos orar? Yo quería que lo haga, pero en serio que dudaba que eso pasara.

Claro que oré. Yo sabía que Dios había respondido a muchas oraciones. Pero la oración era algo realmente difícil para mí, y en realidad, a veces parecía sólo otra razón por la cual sentirse culpable. Me gustaba la frase antigua que decía, "Algunos oran. Algunos dan. Algunos van". Obviamente yo era una persona dentro de la categoría de "algunos van".

Poco después de que supimos que Jared tenía disentería, yo estaba visitando la clínica de nuestra misión, cuando trajeron a una niña de tres meses. La madre soltera de la bebé se había muerto poco después de haber dado a luz, y no había nadie que amamante a la bebé. Después de haber pasado semanas comiendo sólo harina de maíz con agua, ella pesaba apenas seis libras (2.7 kilogramos) y la piel apenas cubría sus huesos. La bebé estaba tan deshidratada y débil que el doctor, al escuchar su corazón con su estetoscopio, tenía miedo que directamente deje de latir. Era muy claro para mí que lo que estaba haciendo su familia no estaba funcionando, y les pregunté si habían considerado la opción de un orfanato. Ellos respondieron que no y se fueron con la niña.

Normalmente la desesperanza de la situación me habría frustrado, pero esta vez no lo hizo. Sentía que este bebé era parte de mi vida. Comencé a orar por ella cada día. Cada vez que veía al Doctor Burrows, le preguntaba sobre ella. Él me dijo que la habían llevado de vuelta a la clínica varias veces por una variedad de diferentes problemas. Su peso y situación de alimentos no habían cambiado.

Unas cuantas semanas después de aquel encuentro en la clínica, escuché a alguien afuera. Cuando fui a ver quién era, vi a una señora mayor sentada en la grada agarrando a un pequeño bebé. Ese instante supe quienes eran. La bebé flaca apenas estaba sobreviviendo. Entregándome a la pequeña, con ojos llenos de amor y preocupación, la abuela me pidió ayuda. La bebé se estaba muriendo y ella lo sabía.

Rápidamente preparé la leche para la bebé. La abuela y yo observábamos, ambas llenas de alegría, mientras la bebé débilmente tomaba las pocas gotas del líquido que la resucitaría. Después de eso, la señora me entregó a la bebé y me pidió que me quedara con ella.

Sintiendo una mezcla de alivio y preocupación, acepté a la pequeña niña y la hice parte de nuestro hogar. Obviamente la última cosa que yo necesitaba era otro bebé—Jared apenas tenía tres meses y Heidi sólo tenía veintiún meses. Pero Dios me había preparado. Desde el primer momento que vi a la bebé, yo sabía que teníamos una conexión. Y ahora que estaría en mi casa, por lo menos yo podría dejar de preocuparme que se estuviera muriendo de hambre en alguna parte de la aldea.

Entonces, la bebé, Felicia, se convirtió en parte de nuestras vidas. Gradualmente empezó a tomar un poco más que sólo gotas de leche, y mientras iba recuperando su peso, también recuperó sus fuerzas. Una adolescente americana que estaba de visita fue de gran ayuda, ya que se ocupaba mayormente de Felicia, dándome tiempo para concentrarme en Jared.

Sorprendida por el Poder de la Oración

Antes de que llegue a preocuparme de que tal vez me había acumulado más de lo que podía aguantar, una amiga marfileña vino a visitarme. Me anunció, "Quiero a este bebé".

"¿Quieres ayudar a cuidar de ella?" le pregunté con mi poco francés.

"No, quiero quedarme con ella. Quiero que sea mi hija". Una de sus hijas se había muerto, me explicó mi amiga. Y esta bebé reemplazaría a esa pequeña.

Entonces así fue. Felicia se convirtió en su hija. Y por unas cuantas semanas las cosas estaban yendo muy bien. La bebé estaba creciendo y recuperando sus fuerzas cada día, y la familia realmente estaba disfrutando de ella. La historia parecía haber terminado de buena manera.

Un día, Felicia y su nueva madre regresaron a nuestra casa. Mi amiga le bajó el pañal a la bebé y me mostró una cosa rara en forma de gusano que se encontraba debajo de su piel. ¿Podía decirle yo qué era? me preguntó. Definitivamente no podía. Le sugerí que lleve a la bebé al consultorio del Doctor Burrows.

El doctor dijo que era una hernia. Cuando Felicia lloraba mucho, su pequeño intestino se salía del hueco de su pared abdominal. Esto pasaba regularmente, y cada vez que pasaba, mi amiga llevaba a Felicia al doctor para que él pueda empujarlo de vuelta adentro. Una operación arreglaría todo, pero Felicia era muy pequeña y muy débil como para soportar tal cirugía.

La nueva madre de Felicia y yo estábamos sumamente preocupadas. La bebé sufría mucho dolor cada vez que se salía el intestino, y parecía tan horrible tener que esperar meses para que este dolor sea aliviado. Nosotras llegamos a la conclusión que teníamos que orar para que Dios la sane.

Entonces eso hicimos. Cada día, a veces muchas veces al día, ella y yo orábamos que la hernia de Felicia sea curada. No había una gran reunión, ni una ceremonia, ni un tiempo de poner las manos en la bebé, no había nada. Sólo oración. Cuando pasaron días y después semanas sin tener que ir a ver al Doctor Burrows, sabíamos que Dios estaba respondiendo nuestras oraciones.

Ahora sí que Dios tenía mi atención completa. Me puse a pensar sobre los resultados de nuestras oraciones que cambiaron la vida de Felicia, y sobre el potencial que representaba esta respuesta a nuestra oración. Por primera vez en mi vida entendí que apenas me había topado con el poder asombroso que estaba a mi disposición.

Comencé un estudio muy serio sobre la oración. Estaba obsesionada con libros sobre la oración y con todas las referencias Bíblicas a la oración. El libro de R.A. Torrey, *The Power of Prayer* (El Poder de la Oración), y *Reese Howells:Intercessor* (Reese Howells: Intercesora) de Norman Grubb, estaban ya rompiéndose porque los había leído tanto.

Y en vez de usar mis métodos regulares del pasado, empecé a orar de una manera organizada y determinada. Quería el poder de Dios en mi vida más que cualquier otra cosa. Pero aun mientras le rogaba por Su poder, sabía que ya lo tenía. Era la única explicación posible de mi nuevo y ferviente deseo de convertirme en una mujer de oración.

Capítulo 9: El Vaciamiento

Durante e inmediatamente después de la enfermedad de disentería de Jared, una amistad que realmente apreciaba se deshizo. Esta vez no era a una liberiana, pero a una americana a quien no podía satisfacer. Los diferentes atentados a una reconciliación no produjeron una amistad más cercana. La pérdida era realmente grande.

El temor empezó a surgir dentro de mí. Comencé mi rutina regular, tratando de hacer todo para satisfacerla. No funcionó. Parecía que cuanto más me esforzaba, más empeoraba la situación. Dolorosamente me di cuenta que aunque yo sí estaba consciente de que era imposible satisfacer a los refugiados de Liberia, nunca había pensado que me encontraría ante una situación en donde, sin importar lo que hacía, no podría satisfacer a una amiga.

Al mismo tiempo, la pérdida de mi amiga me aisló socialmente, se evaporaron todos los ministerios en los que yo trabajaba. En vez de estar ocupada con trabajo misionero, no tenía ningún trabajo misionero que hacer.

La antigua Nancy habría entrado en pánico. ¿Acaso la insatisfacción y el rechazo continuo de una amiga quería decir que Dios también estaba descontento y me rechazaría? ¿Me amaría Dios de igual manera cuando me encontraba en aislación y no en servicio activo cristiano?

Pero ahora, en vez de entrar en pánico, reconocí el hecho de que Dios estaba dejando que esto pase para que yo pueda aprender algo muy importante. Aunque era realmente horrible estar en esta situación, por fin mi pregunta sería respondida. ¿Podía Jesucristo reemplazar a la amistad y la aceptación de las personas y al reconocimiento que viene del servicio Cristiano?

¿Podía lo invisible reemplazar lo visible? En síntesis: ¿Era Dios suficiente?

Estaba en una muy buena posición como para poder poner en prueba esto y ver si yo podía estar satisfecha con sólo su amor. Estaba completamente aislada de mi familia y amigos en los Estados Unidos, y aunque Mark estaba consciente de mi situación, y le importaba muchísimo, yo sabía que Dios no quería que yo lo ahogue con los detalles de la lucha con mi amiga.

Si Dios iba a ser más importante para mí que mis "amigos humanos", entonces yo necesitaba conocerlo. "Muéstrame quien realmente eres", yo le suplicaba a Dios. Sentía una desesperación de poder comprobar por experiencia propia que Dios era quien decía ser. Necesitaba a Dios como nunca había necesitado algo antes. Ahora entendía lo que quería decir tener hambre y sed por la justicia; casi podía sentir mi deseo físicamente. Por lo menos podía vivir sin comida y agua por unos cuantos días, pero no sabía si iba a poder sobrevivir un minuto más sin saber si Dios me estaba agarrando.

No fue sorprendente que Dios me hizo ver que mi obsesión por satisfacer a gente americana—mi amiga, Mark, otra gente—no era muy diferente de mi pasada obsesión por satisfacer a los liberianos. Ninguna de las dos obsesiones lo complacía a Él.

¿Pero cómo podía yo cambiar? ¿Cómo podía dejar de importarme lo que pensaban las otras personas de mí? Era algo diferente que pueda superar mi obsesión por satisfacer a los liberianos, pero ¿llegar a que no me interese lo que pensaba mi *amiga* de mí? ¿Lo que *Mark* pensaba de mí? Ser una "complacedora" era una parte profunda de mí. ¿Acaso podía ser cambiada tan radicalmente?

Le di todos mis pensamientos desesperados a Dios en oración, y respondiendo esa oración, Él abrió mi corazón y continuó su trabajo de cirujano. No era nada bueno. Él me mostró mi orgullo. Estaba llena de él.

El Vaciamiento

¿Por qué tenía la idea de que a pesar de todos mis defectos, todos igual me querrían? ¿Acaso eso no era orgullo? ¿Por qué me molestaba que mis hijos se porten mal cuando estábamos con gente, pero no me molestaba tanto cuando hacían lo mismo en privado? ¿Acaso no era porque su mala conducta me hacia quedar mal a *mi*? Cuando Mark no se comportaba de manera perfecta, ¿por qué me molestaba tanto? ¿Acaso no pensaba que yo merecía sólo la mejor conducta y el mejor trato de parte de él? Y obviamente el peor "pecado" que Mark podía cometer era de estar insatisfecho conmigo—inclusive cuando ¡yo tenía la culpa!

Mientras Dios me mostraba las diferentes maneras en las cuales mi orgullo se manifestaba y yo iba entendiendo que ciertas cosas eran pecado, le confesé todo y le pedí a Él que me perdonara. Le rogué que me dé las fuerzas para cambiar. Mientras iba mejorando en un área, Dios me iba mostrando otras áreas en donde se manifestaba mi orgullo, pero gracias a Su presencia, la humillación de ver todos mis defectos no sólo era poca, pero era algo que sorprendentemente, yo quería. Sentía su amor alrededor mío. De una manera que desafía a la descripción, podía sentir a Jesús caminando a mi lado durante toda esta lucha.

Esta no era solamente una experiencia teórica; Dios realmente me puso a prueba. Un hombre liberiano que se había vuelto un gran amigo de nosotros, se convirtió en una aflicción para nuestra familia y el equipo misionero. Aunque él igual decía que era nuestro amigo, sus acciones decían lo opuesto. Aunque yo sentía el resentimiento en mi corazón, sentí también que pude mantenerlo casi invisible ante la presencia del hombre de manera muy admirable. Adicionalmente, ya que las diferentes maneras que mi resentimiento era manifestado parecían ser pequeñísimas a comparación con el gran dolor que él nos traía, me sentía justificada. El Espíritu Santo me mostró que yo necesitaba disculparme. Aunque yo sabía que aunque me disculpe, seguramente no cambiaría la relación que yo tenía con este hombre, sí entendía claramente que cualquier desobediencia de mi parte dañaría mi relación con Dios. No estaba dispuesta a arriesgarme de esa manera, entonces le pedí que me perdonara.

Este era uno de los muchos asuntos de relaciones que Dios me pediría que arregle.

Un domingo, después de haber pasado un tiempo de reconocimiento y entrega de orgullo, llegué a la iglesia toda "confesada y orada". Seguramente todo va a estar bien hoy, pensé. Aunque el sermón estaba interesante, no me sentía culpable de nada. No había ningún problema entre Dios y yo.

Jeff Abernethy, el pastor misionero, invitó a las personas a pasar adelante durante la canción, "I Surrender All" (Te Entrego Todo). Durante la primera parte de la canción, sentí al Espíritu Santo diciéndome, *Ve adelante*. Mi corazón comenzó a latir rápidamente y sentí que la incredulidad me llenaba. ¿Por qué estaba haciendo esto Dios? ¡Él *sabía* que yo ya le había confesado todo! ¿Por qué me estaba pidiendo que haga algo tan humillante, especialmente cuando yo estaba diariamente, conscientemente tratando de presentarle un corazón puro?

Ay, no. Aquí venía de nuevo. El orgullo. Quería plantar mis pies firmes y quedarme en mi lugar hasta que acabe la miserable canción, pero yo sabía que tenía que hacer esto, tenía que obedecer. Me había dado cuenta que satisfacer a las otras personas era imposible, y ahora todo lo que quería era Dios—y que Él también quiera recibirme a mí. La sumisión absoluta era la única cosa en mi vida que importaba. Entonces tragué, caminé hacia el pasillo, y empecé mi recorrido hacia el frente de la iglesia. Sentí la sonrisa de Dios por el acto de obediencia.

Descubrí que el orgullo tiene una hermana gemela, la autocompasión. Durante el primer cumpleaños de Jared, acordándome de los problemas de su enfermedad y del rechazo de mi amiga, me sentía deprimida. Estaba reviviendo las emociones dolorosas y me sentía rodeada por una nube de confusión. ¿Por qué había permitido Dios que pase esto?

Mientras me encontraba de rodillas, entregándole todo a Dios, sentí que Él me pedía que le agradezca por las mismas experiencias que resentía y resistía. Incluso sabiendo que 1 Tesalonicenses decía, "Dad gracias en todo, porque esta es la voluntad de Dios para con vosotros en Cristo Jesús", me

El Vaciamiento

sorprendió la idea de dar gracias. Parecía ridículo agradecer a Dios por cosas tan obviamente negativas.

Pero ya que la orden de dar gracias por todo era encontrada por todas partes en las Escrituras, decidí orar. Al principio mi oración parecía poco natural e insincera. Sin embargo, después de unas cuantas oraciones más, me sentí más entusiasmada. Terminé realmente agradeciendo a Dios por las experiencias, mi voluntad guiando a mis emociones.

Cuando terminé de agradecer a Dios, sentí que me estaba pidiendo que compare todo con el Calvario. Aunque mi experiencia era dolorosa, yo sabía que no era nada en comparación al dolor que Él había sufrido. Pero igual no sentía que ese era el punto al cual Dios quería que yo llegue. Ya que Jesús había vivido como un hombre en la tierra y había sufrido dolor, Él realmente entendía. A Él le importaba mi dolor y mis dolencias. Dios se llevó a todas mis emociones superfluas y me dejó sintiéndome comprendida y amada.

Cada día, muchas veces al día, le rogaba a Dios que me muestre como entregarle la aflicción de mi amistad destrozada. Yo realmente quería complacerlo, pero tenía tanto miedo y me sentía tan vulnerable. "'El perfecto amor echa fuera el temor'. Muéstrame cómo amar". Yo oraba al lavar los platos. "Muéstrame tu amor", le pedía mientras empujaba el cochecito, llevando a Heidi y Jared, atravesando el polvo y los huecos para llegar al mercado de Blolèquin.

Dios siempre hace muchas cosas a la vez. Yo sabía que tenía que amar a mi amiga de la manera adecuada, pero Dios sabía que yo necesitaba amar de manera adecuada a los liberianos también. Durante nuestro primer año de trabajo con los refugiados, yo me di cuenta que yo no amaba de la manera apropiada a los liberianos. Yo tenía un gran resentimiento hacia las mentiras, las suplicaciones sin vergüenza, y hacia la ingratitud. Igual que Jonás, prefería morir antes que trabajar con esta gente. Inclusive me convertí en la mártir de 1 Corintios 13:3, "Y si repartiese todos mis bienes para dar de comer a los pobres, y si entregase mi cuerpo para ser quemado, y no tengo amor, de nada me sirve".

Dios sabía que ahora yo ya estaba lista para ser puesta a la prueba en este tema, entonces me mandó un caso extremo, Susanna. Un día llegó a mi puerta, y aunque yo nunca la había conocido antes, sin vergüenza ni preámbulo, me comenzó a contar sobre todas las cosas que ella quería y necesitaba. Me contó en gran detalle sobre la lucha que ella enfrentaba criando a sus cinco hijos sola, ya que su esposo estaba atrapado en Liberia debido a la guerra.

Dios me estaba enseñando a amar, y yo definitivamente no quería fracasar en esta prueba tan obvia. Es más, podía sentir a Dios diciéndome, *Si puedes amar a Susanna, puedes amar a quien sea*. Llena de determinación, alcé mi bolso de mercado e ignorando el sol quemante, fui hasta Blolequin para comprar todas las cosas que ella necesitaba. Más tarde, le pedí a Ardith el medicamento que Susanna necesitaba para su bebé.

Susanna vino a visitarme regularmente. Pasaban unos cuantos días y ella volvía para pedirme ayuda. La gente que conocía a Susanna me comenzó a comentar que las cosas no eran como ella decía que eran. Con el tiempo, supe la verdad. Era obvio que el esposo de Susanna no estaba atrapado en Liberia. Él estaba en la ciudad.

Susanna me había engañado. Me había usado. Había suplicado y pedido constantemente sin vergüenza. La verdad, Susanna personificaba a todas las cualidades que más me frustraban e irritaban. Me sentía tentada de evadirla.

La próxima vez que Susanna fue a mi casa, hablé con ella. Ella se dio cuenta que su "fuente de todas las cosas buenas" estaba a punto de secarse, entonces se lanzó a mis pies y se agarró de mis tobillos. "Yo agarrar tu pie", me suplicó de la manera tradicional de Liberia. Sintiéndome irritada, la hice soltarme.

Si puedes amar a Susanna, puedes amar a quien sea, me recordó Dios. Yo desesperadamente quería aprobar este examen que me estaba tomando, pero ¿qué quería decir aprobar el

El Vaciamiento

examen? Yo le ayudaba cuando necesitaba ayuda. Le aconsejaba en cuanto a sus problemas con la familia. Le animaba espiritualmente. ¿Pero qué quería decir *amarla*?

Un día, Susanna apareció en mi casa con una petición aun más grande de lo normal. "Necesito dinero para empezar un negocio", me anunció con entusiasmo. "Si me lo das, nunca te volveré a pedir nada más."

Susanna conocía muy bien la "regla de la casa" sobre el dinero. Yo no podía regalar dinero sin que Mark sepa y este de acuerdo con ello. Esto me protegía, ya que de esta manera no podía sentirme presionada a regalar lo que necesitábamos para nuestros propios gastos o dar el dinero a alguien que Mark veía que no era nuestra responsabilidad. Además, de esta manera, eran pocos que iban a pedirme dinero en vez de ir a hablar con Mark directamente.

"Tú sabes que yo no te puedo dar dinero a nadie sin antes haber hablado con Mark", comencé a decirle, pero paré repentinamente cuando me di cuenta de lo que ella estaba diciendo. "¿Estás diciendo que si te doy este dinero, *nunca* más volverás a pedirme algo? Le pregunté ansiosamente, mi corazón lleno de esperanza.

Susanna pausó en consternación. Después, llena del gran gusto que siente un negociador, dramáticamente proclamó, "¡No te pediré nada por las próximas dos semanas!" Yo me maté de risa. Susanna rió también. Era realmente chistoso. Ambas sabíamos que no importaba cuánto yo le dé, igual iba a seguir volviendo para pedir más.

Me senté en las gradas del porche, sintiéndome un poco sorprendida. Susanna estaba actuando como siempre lo hacía, pidiendo cosas sin vergüenza alguna, pero yo no estaba irritada. Ella estaba tratando de "usarme", pero en vez de despreciarla por hacerlo, me pareció chistoso y me sentía sorprendentemente llena de compasión. Dios me había enseñado a amar a Susanna.

Otra persona que siempre aparecía en nuestro patio era Eugene. La primera vez que lo conocimos era durante el tiempo que vivíamos en Toulépleu, él aceptó la invitación pública que fue dada al final del culto en la Iglesia. Cuando Mark le escuchó dar su discurso, pensó que estaba borracho, pero no era así. Eugene, que antes había sido un profesor muy respetado, lentamente estaba perdiendo control de su cuerpo. Cuando Mark hablaba con él, sentía mucha pena por la situación de Eugene, pero al mismo tiempo, estaba muy impresionado por la fe que él tenía.

Tres años después nos encontramos con Eugene en Blolèquin. Él vino a nuestra casa para pedirnos ayuda. Su condición había empeorado. Apenas podía caminar, sus piernas estaban sucias y sus pies estaban cubiertos de docenas y docenas de "jiggers"[2], y los trapos apenas colgaban de su cuerpo, que era débil y delgado. Ya que no podía pensar claramente, la higiene personal quedó completamente descartada. Había veces que Eugene no podía controlar su vejiga, entonces hedía a orín. Ya que todos lo rechazaban, él dormía en casas bajo construcción o en una mesa en el mercado de la aldea.

Amar a Eugene no era fácil. Requería de *mucho* trabajo. Los misioneros se turnaban para alimentarlo. Nuestro doctor misionero examinó sus "jiggers" y sacó a cada uno del cuerpo de Eugene—pero, desafortunadamente, no antes de que yo encuentre a un "jigger" grande que se había entrado al dedo de mi pie. Se encontraron a algunos de sus parientes y les rogamos que se responsabilicen de él, pero estas soluciones sólo duraban unas cuantas semanas y luego Eugene terminaba de vuelta de donde había llegado—una mesa en el mercado. No se sabía qué enfermedad degenerativa era la que causaba su capacidad mental reducida, entonces el peor problema que tenía quedó sin ser resuelto.

Un domingo de Pascuas, dos jovencitos llevaron a Eugene a un lugar para bañarlo y lo lavaron hasta que quedó

---

[2] Tunga penetrans, una pulga que penetra en la piel para poner sus huevos. Afecta principalmente la piel de los pies; se introduce en ella y produce prurito intenso. Popularmente se le conoce como "niguas" o "pique" (Perú), y parasitológicamente como tungiasis. http://es.wikipedia.org/wiki/Tunga_penetrans

completamente limpio. Lo vistieron en ropa limpia y bien planchada. Sentado en la iglesia, su cara brillaba. Él estaba irreconocible y los miembros de la iglesia le dieron la mano, recibiéndolo como a un invitado. Sin embargo, lamentablemente, no había pasado mucho tiempo y la ropa de Eugene fue robada y él otra vez estaba vestido con los trapos que olían a orín. Unos cuantos meses después no despertó de su sueño, y se murió encima de una de las mesas en el mercado.

¿Aprobé el examen "Ama a Eugene"? No sé. Hice lo que pude. ¿Era lo suficiente? No, nunca se podía hacer lo suficiente. No existía la palabra "suficiente" en Costa de Marfil. Pero como iglesia y como equipo misionero sí hicimos *algo*. Eugene no murió de hambre ni de su enfermedad de "jiggers". Seguramente murió por la enfermedad que había causado todo su deterioro físico—una enfermedad que no conocíamos.

Esto es lo que aprendí. No tenía que sentirme presionada a amar a todo un grupo de personas; tenía que amar a personas individuales. Dios me había mandado a trabajar con la gente de Liberia, pero el amor que yo daba a esta gente lo daba persona por persona. Al amar a Susanna y a Eugene, yo amé de la manera que lo hace Jesús, dando amor a cada individuo. Me sentía realmente liberada ahora que entendía mejor al amor, practicándolo en la vida real.

Durante el tiempo que Dios me estaba enseñando qué quería decir amar a alguien, también me mostró otra raíz de pecado dentro de mi vida. La lujuria. Era increíble, porque ahora sí entendía que el deseo que yo sentía por ser aceptada, no era solamente parte de "mi personalidad", pero que en realidad era una dimensión de la lujuria. Yo estaba *codiciando* afirmación. Un día, mientras oraba de rodillas, Dios lo hizo muy claro para mí que Él ahora me estaba pidiendo lealtad completa. Yo no tenía que volver a pedir o buscar de cualquier manera, afirmación de cualquier otra persona más que la de Él—nunca más.

¡Pero si yo era una adicta a la afirmación! ¿Él quería que yo deje eso completamente? Cambié de posición en el piso y me quedé sentada allí, matándome de risa. ¡Dios me conocía *tan* bien! Y definitivamente es algo que Él haría, el diagnosticar cual era mi enfermedad y después recetar el preciso médicamente que necesitaría—sin importar cuán desagradable sea su sabor.

Pero fue más tarde, mientras contaba a Mark sobre la nueva "regla" en mi vida—no pedir ni buscar afirmación de ninguna manera—que recién me di cuenta de las ramificaciones que implicaba este nuevo compromiso. Los cumplidos que me hacía Mark eran muy importantes para mí, pero ahora yo no podía pedirle que lo haga. No podía preguntarle, "¿Me quieres?" La respuesta esperada (¡y que debía dar!) es, obviamente, "Sí, y eres tan maravillosa", etc., etc., etc. Eso era buscar afirmación. "¿Se ve bien este vestido?" era una pregunta que no podía hacer si sabía que sí se veía bien y sólo estaba buscando que él me lo diga. No podía hacer ninguna pregunta a no ser que sea honesta. No podía manipular la situación para que me den un cumplido.

Muchas veces durante las semanas y meses después de que pasó todo, me mordía la lengua antes de hacer una pregunta. La pregunta, "¿Me quieres?" se convirtió en, "Te quiero". "¿Crees que esto se ve bien?" se convirtió en, "¡Te ves guapo hoy!" De vez en cuando empezaba a decir algo que no podía cambiar a otra cosa. "Ay, supongo que no puedo pedir eso", yo admitía sintiéndome culpable. Mark me confesó más tarde que nunca le había gustado que yo ande buscando afirmación. Al contrario de cómo pensaba yo, él no le encontraba ningún valor a un cumplido forzado. Ahora él sentía que podía darme cumplidos honestos en su propio tiempo y de su propia manera.

Este proceso de santificación continuó en mi vida mientras Dios iba mostrándome diferentes hábitos pecaminosos de los cuales tenía que arrepentirme: los chismes, el enojo, el resentimiento, el egoísmo, el sentirme como una persona justa, y siempre más orgullo. La gracia de Dios daba una invitación para una honestidad brutal y real. Y por su gracia, nunca me rechazó.

El proceso era insoportablemente doloroso, pero al mismo tiempo maravillosamente emocionante. Yo sabía que sólo una hija muy querida recibía tanta atención de su Padre. Ahora sí yo recién creía totalmente y completamente que la verdadera Nancy

El Vaciamiento

estaba sana y salva con este Dios que estaba llegando a conocer más y más, y ahora podía ver que Dios quería algo grande. Algo más grande que grande. Algo gigante. Mi muerte. Mi crucifixión con Cristo.

Un domingo por la tarde que nunca olvidaré, yo estaba en nuestro dormitorio orando, cuando pensamientos inesperados llenaron mi mente. Dios me ayudó a comprender lo que me había pasado. Con la excepción de mi familia, Dios me había quitado todas las cosas que eran valiosas para mí. Al principio eran las cosas grandes y obvias, como las posiciones, ministerios, seguridad y cualquier rasgo de control sobre mi vida. Después abrió mis manos y me quitó a mi amiga, a mi visible y obvio "servicio cristiano a tiempo completo", y lo más reciente, que fue la afirmación de las personas. La única cosa que faltaba era nada. Yo había quedado completamente vacía.

Cuando estás vacía, eso es suficiente, Dios me susurró al corazón.

Oh, qué increíble. Por fin entendí. Muchas veces durante nuestro primer año de trabajo en Liberia, yo había llorado, llena de frustración, "Nunca es suficiente. ¡Nada de lo que yo hago es suficiente!" Aunque a mí me encantaba estar en Liberia y trabajar en los diferentes ministerios, sentía que estaba dando vueltas en una llanta para hámster. Mi razonamiento era que seguramente si yo podía hacer sólo *una* cosa más, el apetito insaciable de Dios por mi servicio quedaría satisfecho. Después de hacer eso, Él me amaría y me daría su aprobación.

Yo le había entregado mi vida a Dios para el servicio misionero porque creía que eso era lo que Él quería. Ahora entendía que lo que Dios quería era que yo quede vacía. Él quería que yo esté completamente humilde ante Él. Él quería que yo esté completamente consciente de que sin que Él me dé Su gracia, yo no podía servirlo ni podía vivir una vida conforme a Su voluntad. Todo lo que tenía que hacer Nancy Sheppard era no darle nada a Dios. Absolutamente nada. Pero, *Cuando estás vacía, eso es suficiente.*

Entonces, le di mi vacío a Dios. Mientras me arrodillaba al lado de la cama, con mis manos alzadas, le dije a Dios que yo entendía que no tenía nada más que ofrecerle a parte de mi vacío. Pero si mi vacío servía, entonces Él podía tenerlo todo. Le pedí que tome ese espacio vacío—ese espacio que ahora recién entendía que antes había estaba lleno de tantas cosas de las que Él no aprobaba—y lo llene de Él. Era lo única que yo le podía ofrecer.

Más tarde le conté a Mark todo lo que había aprendido. Él podía ver que todo era verdad; Dios estaba trabajando en su vida de maneras muy parecidas. Qué alegría que teníamos. Realmente éramos compañeros en este viaje tan fascinante. Mark agarró mis manos, las alzó y comenzó a cantar *Treasures* (Tesoros), una canción que ambos conocíamos desde que éramos jóvenes, pero que nunca habíamos entendido hasta ahora.

Tesoros
Uno por uno, Él me las quito,
Todas las cosas que yo tanto valoraba,
Hasta que quedé con las manos vacías;
Cada juguete brillante se perdió.

Y caminé por las carreteras de la tierra, sufriendo.
En mis trapos y pobreza.
Hasta que escuché Su voz invitándome,
"¡Alza tus manos hacia Mí!"

Entonces elevé mis manos hacia el cielo,
Y Él las llenó con un montón
De sus riquezas transcendentes,
Hasta que ya no podían llenarse más.

¡Y por fin entendí
Con mi mente estúpida y aburrida,
Que Dios no podía derramar Sus riquezas
Sobre manos que ya estaban llenas![3]

---

[3] Canción Original: Martha Snell Nicholson, "Treasures", Chicago, IL, Moody Press, 1952.

Capítulo 10: Enamorada

Ahora sí recién entendía que ese primer año de trabajo con los refugiados era realmente necesario; yo necesitaba saber quién exactamente era yo. Todo lo que Dios había hecho y estaba haciendo ahora era por Su amor. Él me había quebrado para poder armarme de nuevo. Comprendía que Él no quería que yo me ahogue en mi vergüenza, pero más bien quería que yo llegue a creer lo que dice en Romanos 8:1. "Ahora, pues, ninguna condenación hay para los que están con Cristo Jesús, los que no andan conforme a la carne, sino conforme al Espíritu".

Dios me había mostrado, mientras me divulgaba mi pecado y me desafiaba a parecerme menos y menos a mí y más a Él, que Él es un Padre muy paciente. Mi obediencia a las órdenes de Dios y mi arrepentimiento del pecado divulgado—el cambiar de una manera de pensar incorrecta a una correcta, el pensamiento Bíblico—eran las llaves que abrieron la puerta a una relación íntima con Dios. De una manera muy parecida a la de un padre que sonríe con alegría al ver a su bebé gatear, caminar y finalmente correr, sentí Su aprobación y placer. Yo no tenía que ganarme su aprobación; ya la tenía. Sentía que Él estaba tan cerca que imaginé sentir su aliento en mi oreja. Después de todo lo que Él había hecho y seguía haciendo por mí y dentro de mí, no tenía ni una duda que

Dios me amaba, me amaba a *mi*—no mi servicio. Pero, ¿lo amaba yo a *Él*?

Una mañana durante la semana de seminarios para señoras, una semana que era sumamente ocupada, yo estaba enseñando sobre la sumisión. Las señoras escuchaban atentamente, sin dejarse distraer por la bulla de afuera, mientras yo les explicaba sobre nuestra responsabilidad de someternos a la autoridad de nuestros esposos, quienes tienen que someterse a la autoridad de Dios.

"Debemos seguir el ejemplo de Jesús, quien se sometió a la voluntad del Padre", les expliqué. Como lo hacía algunas veces, actué la historia de la Biblia que habla sobre el momento cuando Jesús lava los pies de Sus discípulos para demostrar la necesidad de servir a otros en vez de tratarlos como menos que nosotros. Me arrodillé en frente de mi amiga, alcé su pie e hice de cuenta que lavaba su pie, tal como lo había hecho Jesús con Sus discípulos. Me dio ganas de llorar. Sintiéndome frustrada por mis emociones, paré y tragué. Después pude continuar con la charla.

Les di otro ejemplo de sumisión—el ejemplo máximo. Les conté sobre la sumisión de Jesús a la voluntad de Su Padre, y como eso se vio en su horriblemente dolorosa muerte en la cruz. ¿Y por qué? Por mis pecados y los tuyos. Mientras hablaba, las lágrimas cubrían mi cara. Mi garganta se llenó y no podía hablar. Tuve que parar por un segundo y tranquilizarme.

"¿Por qué me está pasando esto?" me pregunté a mi misma.

Te has enamorado de Jesús.

Sí, lo había hecho. ¿Cómo podía esperar que yo fuera capaz de poder contar historias tan preciosas sobre Jesús sin sentir una emoción profunda? ¡Estaba enamorada de Él! Jesús ya no era un personaje exigente, era un amigo. Yo comprendía y me apropiaba de Juan 15:15—"Ya no os llamaré siervos, porque el siervo no sabe lo que hace su señor; pero os he llamado amigos, porque todas las cosas oí de mi Padre, os las he dado a conocer". Señor y Amo, sí. También amigo y hermano.

Era más de lo que había deseado, esta relación amorosa tan asombrosa. Era como si Dios hubiera puesto una cuerda en mi mano, y tiernamente me había jalado hacia Él. Él me conquistó como un enamorado conquista a su amada. Las amistades y los matrimonios no eran nada en comparación a esta asombrosa belleza de la intimidad con Dios. Inconscientemente yo había buscado en Mark y en amigos, lo que en realidad sólo podía encontrar con Dios—una satisfacción en lo más profundo de mi alma.

Después de casi dos años de separación, mi amiga y yo nos reconciliamos. Fue maravilloso. Pero gracias a la gracia increíble de Dios, hasta que nuestra relación sea reconciliada, yo había llegado a comprender que el amor de Jesús es mucho mejor que cualquier otro tipo de amor, incluso el mejor amor de "amigos humanos".

Capítulo 11: Buenas Noticias

Dentro de Liberia y alrededor de todo el mundo, las hazañas de Taylor se encontraban en las titulares de los periódicos. Su reserva inagotable de armas de fuego—fusiles M-16s, pistolas Tommy, pistolas antiaéreas y AK 47s—era usada para desplegar un terror incontrolado. Él firmó un montón de acuerdos de paz, que al parecer no tenía intención alguna de cumplir. Mientras hablaba de paz, se preparaba para la guerra y cuando parecía que le estaba yendo mal, pedía paz.

Si alguna vez se ha llegado a una conclusión sin esperanza e inútil al finalizar una conferencia de paz, era en 1993 cuando se trató de crear un gobierno de base amplia en Liberia. En otras palabras, dividir el gobierno de Liberia entre los jefes militares más poderosos, teniendo la esperanza que ellos apacigüen y paren las matanzas. Si la situación no fuera tan seria, hubiera sido chistosa. Enemigos mortales que habían estado tratando de matarse por los últimos cuantos años, ahora se encontraban andando en la misma mansión presidencial—todos rodeados de guardaespaldas que estaban armados hasta los dientes. Un pequeño choque entre dos jefes podía terminar en una pelea con armas.

Mientras tanto alrededor del país, los grupos rebeldes continuaban atrincherados. Ellos no iban a dejar que ningún gobierno de base amplia les quite sus ganancias. En abril de 1996, las luchas que sucedieron entre facciones, llegaron a la sobre-poblada y conflictiva Monrovia, y otra vez, las cosas se pusieron muy sangrientas.

La gente ya estaba convencida de que la violencia seguiría hasta que Charles Taylor obtenga lo que él quería—la presidencia. La gente en Monrovia que iba a votar gritaba, "Mataste a mi mamá, mataste a mi papá. Votaré por ti". El 19 de julio de 1997, después de siete años de locura, hicieron justamente eso. Charles Taylor ganó las elecciones sin hacer ninguna trampa. Ningún candidato tuvo más que el diez por ciento de los votos.

Si Taylor pensó que sus problemas iban a terminar cuando su nombre cambió de "jefe militar Charles Taylor" a "democráticamente electo Presidente Charles Taylor", estaba completamente equivocado. Los grupos rebeldes que quedaban estaban por todas partes del país, estaban equipados con miles de pistolas y tenían menos respeto por un gobierno bajo el liderazgo de Taylor, que para un gobierno donde se compartiría el poder.

Taylor trató de apaciguar la situación e incorporó a nuevos jefes militares a su nuevo gobierno. Liberia llegó a los titulares de noticias alrededor del mundo el 20 de septiembre de 1998, cuando el jefe militar, que fue convertido en "Ministro de Desarrollo Rural", Roosevelt Johnson, temía por su vida y buscó protección en la embajada de los Estados Unidos en Monrovia. Taylor escuchó lo que había pasado y sus fuerzas armadas llegaron rápidamente al lugar. Mataron a unos cuantos de los seguidores de Johnson en frente de la embajada, e hirieron a dos guardias de la embajada. Cuando las fuerzas armadas de Taylor dispararon hacia el edificio en sí, seguramente tratando de encontrar a Johnson, el embajador de los Estados Unidos reaccionó inmediatamente y cerró la embajada por dos meses.

Mientras tanto, en Costa de Marfil, nuestro equipo misionero estaba luchando con sus propios problemas. Los desafíos físicos de vivir en África Occidental eran, como siempre, muy grandes. A parte de las realidades diarias de vivir entre miles de personas muy pobres que habían sido afectadas por la guerra, la malaria y otras enfermedades también eran una amenaza diaria. Estando en el calor trópico y en la humedad, sufríamos de ampollas y llagas que nunca parecían que nunca iban a desaparecer.

Encima de eso, la iglesia de Costa de Marfil, donde se hablaba francés y por la cual funcionaba la clínica, estaba espiritualmente débil. Había una falta de unión entre los creyentes marfileños y los liberianos, causando una tensión constante. Sabíamos que no era una batalla contra carne y hueso, pero más bien, era una espiritual. Satanás quería que todos los ministerios fracasen y que los misioneros empaquen sus maletas y se vayan.

Jeff Abernethy y Mark sentían que Dios les estaba diciendo que funden una iglesia en donde se hable inglés para los refugiados en Bloléquin. Los liberianos estaban sumamente emocionados. Para atraer a la gente al nuevo trabajo, hubieron reuniones evangélicas especiales que incluían vídeos del evangelio, música y predicas. Desde las primeras reuniones, la Iglesia Bautista Buenas Nuevas, estaba llena de gente.

Las reuniones de oración de los miércoles por la noche en nuestra nueva iglesia eran muy emocionantes. Casi siempre teníamos alrededor de ochenta personas en las reuniones. Hicimos listas de nuestros amigos y parientes que no conocían al Señor, y oramos por ellos. Vimos a Dios responder nuestras oraciones de maneras muy interesantes. Los refugiados de Liberia y sus misioneros americanos, juntos estaban aprendiendo más sobre el poder asombroso de la oración.

A parte de las reuniones de oración de los miércoles en la iglesia, nuestro equipo misionero se reunía en nuestro hogar los martes por la noche para orar. En una de estas reuniones, yo oré que cientos de personas en nuestra área lleguen a conocer a Cristo como su Salvador. *Ora por que sean miles*, el Espíritu de Dios me animaba.

Sabiendo que esta petición iba en acuerdo con lo que decía la Palabra de Dios, les escribimos a las personas que nos apoyaban con oraciones en los Estados Unidos, y les pedimos que oren con nuestra iglesia y con nuestro equipo misionero. Sabíamos que no había nada que podíamos hacer para forzar la respuesta a esta oración. O Dios estaba de acuerdo con esto o no lo estaba.

Good News Baptist Church (Iglesia Bautista Buenas Nuevas)

En julio de 1997, Jeff predicó un sermón particularmente inspirador. Contó sobre la vez cuando después de haber visto a Cristo por primera vez, Andrés corrió a buscar a su hermano Pedro. Jeff animó a todos los que estaban interesados en guiar a personas a Cristo, a quedarse un momento más después del culto.

Muchos se quedaron. Estas personas se convirtieron en nuestro grupo principal. Jeff y Kim Abernethy entrenaron a algunos, y nosotros a otros. Ellos aprendieron los pasos básicos para compartir con una persona la necesidad de tener a Cristo como su Salvador. Inclusive mientras seguían pasando estas clases, muchas personas ya estaban ayudando a amigos y a vecinos a conocer a Cristo.

Después de que acabaron los cursos, comenzó la "Misión Andrés". Cada sábado salíamos en pequeños grupos, pidiendo a Dios que nos guíe a aquellas personas que estaban dispuestas y listas para escucharnos. El Espíritu Santo de Dios les abrió los ojos, dándoles entendimiento, y muchos aceptaron a Cristo como su Salvador.

Nuestra iglesia estaba extática. La emoción rebalsaba tanto que los atentados evangélicos llegaron hasta más allá de Bloléquin. A través de un paciente de la clínica, Dios abrió el camino para que haya una reunión en una aldea cercana. Mientras veintitrés personas se quedaron orando, otras cuarenta y tres personas fueron con Jeff y Mark a la aldea. Aproximadamente quinientas personas fueron a la reunión y escucharon una presentación clara del Evangelio.

El "Pastor Jeff" en la Iglesia Bautista Buenas Nuevas

Cada semana se podía escuchar la música que salía de las ventanas abiertas del edificio de ladrillos de barro de la iglesia, mientras los creyentes cantaban y alababan Al que les había salvado de la guerra y de sus pecados. La fe nueva de la gente iba aumentando cada vez que escuchaban una enseñanza fácil de entender de la Palabra de Dios. Con regularidad liberianos emocionados, cantando alegremente, moviendo los pies y aplaudiendo, acompañaban a nuevos creyentes al río para ser bautizados.

Llena de asombro y sorpresa, vi como Dios respondió a nuestra petición de que miles lleguen a conocer a Cristo. Ser partícipes de una cosecha de almas como esta, era un sueño vuelto realidad para un misionero. Definitivamente no era porque nosotros nos lo "merecíamos". Más bien, yo creo que la bendición de Dios llegó a nuestro equipo misionero porque, aunque éramos patéticamente defectuosos, individualmente nos habíamos dejado llevar por la llama del fuego del Refinador. ¡A *Dios* toda la gloria!

Capítulo 12: Paciencia

"Mi esposo quiere ser un misionero, pero yo no pienso dejar que lo sea", la bonita señorita dijo tranquilamente.

Su amiga asintió con la cabeza, su cabello rubio subiendo y bajando en la luz del sol de primavera. "El mío también quiere ser un misionero, pero yo quiero lo mejor para mis hijos. Quiero que vayan a los mejores colegios".

Mientras estábamos de vuelta en los Estados Unidos para la recaudación de fondos y visitas a iglesias, Mark y yo fuimos invitados a dar una charla en la conferencia anual de la misión en la Universidad Bíblica. Yo estaba caminando detrás de dos estudiantes jóvenes y casadas, quienes obviamente no sabían que yo podía escuchar su conversación. ¡Su valor me sorprendió y me pregunté si tal vez debía caminar un poco más lejos de ellas por si acaso un relámpago del cielo caiga sobre ellas y yo quede frita junto con ellas!

Aunque ellas habían sido valientes e insensatas por haber dicho lo que dijeron en voz alta, era, efectivamente, lo que la mayoría de las personas pensaban. Solamente los padres que no se preocupaban por el bienestar de sus hijos los sacaban de los Estados Unidos y los privaban de todas las oportunidades que había allá. Solamente gente completamente *loca* se llevaba a cinco niños a las regiones de guerra imparable de África Occidental.

Pero África era el hogar de nuestros hijos y ellos realmente amaban ese lugar. Les encantaban los animales y a veces yo me preguntaba si nuestra casa era más un zoológico que cualquier otra cosa. El darles a cada uno de los animales el nombre perfecto era sumamente importante y muchas veces requería de discusiones muy serias. Arnold, Clifford, Leonard, Rebecca y la

Ardilla Nutkins eran sólo unas cuantas de las muchas mascotas que vivían con nosotros.

De vez en cuando las cosas se ponían un poco locas—inclusive desde el punto de vista de nuestros hijos. La colección de conejitos de india sumamente fértiles de Melodie, que vivía en una esquina de nuestro patio, se reducía regularmente cada vez que las mascotas que vivían dentro de la casa, como los gineta, civeta africana, la comadreja, se escapaban. Seguido siempre por el llanto y los gritos, y después de que los sollozos paren, venía la misma conversación sobre el hecho de que no se puede tener a carnívoros y a su presa viviendo en el mismo lugar, y esperar que no haya problemas.

Melodie ayudando en el club de Biblia

Las ventajas de dejar atrás los inviernos de Minnesota e intercambiarlos por los veranos que duraban todo el año en África Occidental, eran muy obvias para nuestros hijos. Mientras sus contrapartes estadounidenses temblaban de frío al tener que pasar por otro invierno, nuestros hijos vivían cerca a la jungla y jugaban con niños que nunca habían visto un copo de nieve.

Paciencia

Ellos se columpiaban de plantas trepadoras y caían a ríos que estaban rodeados de árboles y plantas de la jungla que les daba sombra, y nadaban en las aguas tibias del Atlántico. Ellos habían probado caracoles, termitas y la carne de una variedad extraña de animales de la jungla. Los chicos estaban orgullosos de su gran tolerancia de los pimentones picantes de Liberia.

A parte de todo eso, nuestros hijos tenían grandes oportunidades para que ellos mismos puedan ser misioneros. En la iglesia, John-Mark participaba en la alabanza de la congregación tocando su guitarra. A parte de tocar el balafón[4] que se había comprado en el mercado, también tocaba el instrumento kora de África Occidental, la mandolina y la flauta de madera—las cuales él había fabricado. Melodie cantaba junto con John-Mark mientras él tocaba guitarra. Una actividad fuera de la iglesia que tenían era de enseñar en los clubes de Biblia para los niños. Nathan, que tenía cien mil amigos, era muy bueno en reunir a las multitudes y en ayudar con los juegos que otros organizaban para los clubes.

Y al igual que personas por todo el mundo, Dios usó a mis hijos para hacerme crecer.

"Yo *nunca* podría educar a mis hijos en casa. Soy muy impaciente", los admiradores me decían cuando estábamos en los Estados Unidos. Yo sonreía modestamente.

¿Qué podía decirles? ¿Acaso era yo la única madre que educaba en la casa que tenía un pequeño secreto? ¿El secreto de que "mis hijos me vuelven loca"? Me sentí avergonzada de que a pesar del trabajo purificador que Dios estaba haciendo en mi vida, todavía me faltaba paciencia con mis hijos.

Nathan era el que más me tentaba la paciencia. El problema no era que él no podía aprender—él era sumamente inteligente para cualquier actividad que tenga que ver con computadoras—pero simplemente no quería aprender. Él era un "amador de las personas" y los deberes escolares no eran un acontecimiento social. Yo no podía motivarlo a cooperar. Traté

---

[4] Instrumento africano parecido al xilófono.

de todo—una variedad de libros, una variedad de métodos, una variedad de estilos de enseñanza—todo en vano. John-Mark y Melodie me hacían ver como una madre exitosa que educaba en casa; Nathan hizo caer esa imagen de éxito. Él destruyó *mi* imagen. Eso me irritaba muchísimo.

Nathan

Me encantaba Santiago 1:2-6. Me había traído mucho consuelo en el pasado.

> "Hermanos míos, tened por sumo gozo cuando os halléis en diversas pruebas, sabiendo que la prueba de vuestra fe produce paciencia. Mas tenga la paciencia su obra completa, para que seáis perfectos y cabales, sin que os falte cosa alguna. Y si alguno de vosotros tiene falta de sabiduría, pídala a Dios, el cual da a todos abundantemente y sin reproche, y le será dada. Pero pida con fe, no dudando nada; porque el que duda es semejante a la onda del mar, que es arrastrada por el viento y echada de una parte a otra".

Yo sabía que eso era verdad. La prueba de mi fe *sí* había producido paciencia. Me quedé y no huí, y me había quedado trabajando con los refugiados. Como resultado de eso,

Paciencia

definitivamente era más paciente de lo que solía ser. ¿Pero acaso la prueba de mi fe podría producir paciencia para el trabajo que parecía ser interminable e imposible de educar a este niño?

De nuevo yo estaba lista de ser extremadamente honesta con Dios. Le admití lo que Él ya sabía. Yo era una madre impaciente y resentía la gran posibilidad de pasar por humillación pública que me podría traer mi falta de éxito en la educación en casa. Le dije a Dios que ahora ya estaba lista para llamarlo *pecado*. Quería cambiar, sin importar cual fuera el precio y sin importar cuánto tardaría.

Dios me hizo recuerdo de unos cuantos principios importantes. El primero y más obvio era este: Nathan no podía *obligarme* a pecar; yo *escogía* pecar. En segundo lugar, cuando yo pecaba, tenía que confesárselo a Dios y a Nathan. En tercer lugar, si yo reconocía el pecado mientras estaba pasando, podía y debía pedir perdón inmediatamente—inclusive si estaba en la mitad de una oración. No era necesario tener ningún periodo de espera.

Con este aumento de transparencia, me enfrenté a mis responsabilidades de educación en la casa. Ya no culpaba a Nathan por mi pecado. El saber que tenía que confesar y pedir perdón me ayudó a pensar antes de hablar. Cuando sí fallaba, le pedía perdón a Nathan, que siempre estaba más que dispuesto para perdonar, y a Dios. Es más, le ayudé a Nathan a entender que yo no le podía *obligar* a aprender, pero que si él quería graduarse del colegio e ir a la universidad antes de que todos envejezcamos y muramos, él tenía que cumplir con ciertos requisitos. Ahora que las expectativas y responsabilidades estaban claras, ambos nos sentíamos liberados.

El pecado de la impaciencia me había agarrado muy fuerte. Aún con mi deseo muy sincero de cambiar, la victoria no era instantánea. Al principio, cometía los mismos pecados cada día—a veces los repetía. La diferencia era que ahora yo asumía la responsabilidad. Sin embargo, gradualmente, pude obtener una victoria muy notable. Llegaría a pasar uno o dos días sin ser impaciente. Después eran aun más días. Con el tiempo, la tentación ya no tenía tanta influencia en mí.

Nathan y yo llegamos a tener una relación muy cercana. Él podía ver que yo lo quería y que quería una buena relación con él. Y Nathan, siendo como es él, de una manera chistosa se sentía un poco orgulloso por haber sido una influencia tan purificadora en mi vida.

Me enamoré aun más de este Dios asombroso que permitía, incluso deseaba, una transparencia sin vergüenza, y que siempre estaba tan dispuesto a perdonar. Él *sabía* sobre mi pecado de impaciencia, y Él también sabía que yo estaba realmente arrepentida. Yo podía ser completamente vulnerable con Él. Dios era una persona en la cual yo podía confiar.

Capítulo 13: Mamá

"El que ama a padre o madre más que a Mí, no es digno de mi; el que ama a hijo o hija más que a mí, no es digno de Mí". Mateo 10:37.

Melvin y Ellen Brushaber con Karen, Paul, Dan y Nancy-1964

Nosotros estábamos muy conscientes de que el llamado de Dios en nuestras vidas no venía sin un precio. Aunque estábamos confiando en Dios para el cien veces más ahora en este tiempo (San Marcos 10:29-31), en el aquí y ahora nuestro compromiso al trabajo misionero nos costó muchas relaciones familiares. Nuestros hijos no conocían muy bien a nuestros parientes, y yo tuve que pasar muchos años sin ver a mi hermana gemela y a mis padres. Y ahora le habían diagnosticado un tumor cerebral a mi mamá, y el pronóstico no se veía muy bueno.

Durante nuestro regreso a casa por un año en 1999, Mamá, Karen y yo llegamos a conocernos de una manera muy especial. Karen y yo nos encontramos en Wisconsin, y ahí las tres jugamos juegos de mesa, fuimos de compras, salimos a comer y hablamos por horas de todo y de nada. Karen y yo fuimos realmente bendecidas por la actitud de completa confianza en Dios que tenía Mamá sobre su condición—ella quería vivir, pero no tenía miedo morir.

Cuando llegó el momento para escoger una fecha de retorno a África, me encontré en un gran dilema. La posibilidad de que Mamá viva hasta nuestro próximo viaje de vuelta a los Estados Unidos era muy pequeña. Yo sabía que ella no iba a querer que yo me quede en los Estados Unidos esperando su muerte, pero al mismo tiempo, yo quería estar con ella cuando realmente se esté muriendo. Yo quería despedirme personalmente.

Retornamos a Costa de Marfil tal como decía nuestro horario, confiando que Dios arreglaría todos los detalles. Era imposible tener un plan, claro. Iban a ser semanas, meses o incluso un año o dos antes de que me necesiten en Wisconsin otra vez. Mark me preguntó cuánto tiempo yo pensaba que iba a necesitar quedarme en los Estados Unidos cuando llegue el momento inevitable. Yo le dije, "Tres semanas".

A mediados de marzo llegó el momento. Karen me llamó para decirme que yo tenía que regresar a casa lo más antes posible. Ella esperaba que no sea muy tarde. Mamá estaba inconsciente en la cama de hospital que habían puesto en la sala de estar de la casa. Había estado dormida por más de veinticuatro horas. Los trabajadores del hospicio presentían que la muerte se estaba acercando.

Mientras Melodie y yo hablábamos sobre cuáles serían sus responsabilidades mientras yo estaba de viaje, Mark se encargó de arreglar todos los detalles de los boletos para el viaje. La gran variedad de experiencias que había tenido durante los años, habían convertido a Melodie en una jovencita muy responsable. Yo sabía que ella podría encargarse de las comidas para la familia y, junto con John-Mark y Nathan, de ayudar a Mark a cuidar a Heidi y a Jared.

Me sentía muy extraña, tres días después, mientras Mark yo íbamos al aeropuerto. En todo el tiempo que habíamos vivido en África, el océano nunca nos había separado. Ahora nos estábamos diciendo adiós, y al mismo tiempo, dábamos la bienvenida a lo desconocido. Sin embargo, yo sentía mucha paz. Yo sabía que Dios tenía todo bajo control.

Por favor dame un asiento para mi sola, oré mientras entraba al avión. Me sentía triste, y no tenía ganas de explicar a un extraño porque estaba en un vuelo internacional. Me senté sola. Y después cuando estaba en Bruselas, le pedí a Dios lo mismo mientras hacía cola con la gran muchedumbre de pasajeros. Sólo un asiento en todo el avión estaba vacío. Era el que estaba a mi lado.

Mi hermano Peter me recogió en Chicago. Aunque era realmente maravilloso verlo de nuevo, la emoción que sentimos por estar juntos otra vez no era muy grande ya que ambos estábamos muy preocupados por nuestra mamá. A pesar de que se había despertado por un momento un poco después de que Karen habló conmigo, Mamá otra vez estaba durmiendo profundamente. Se suponía que moriría en cualquier momento.

Cuando llegamos a Whitewater, mi papá y Karen nos recibieron en la puerta. Mamá estaba inconsciente pero no muerta, nos dijeron. Yo estaba muy feliz y aliviada. "Dios no me trajo de vuelta aquí por esto", le dije a Karen después de que nos abrazamos. Yo sabía que Mamá se iba a despertar de nuevo.

Y lo hizo. Esa tarde. Cuando los ojos de Mamá se abrieron y me vio, su rostro se iluminó. Muy débil como para moverse, pero sin sentir dolor, Mamá sonreía alegremente mientras Karen y yo hablábamos, reíamos y hacíamos chistes. Ella susurraba algunas palabras y nosotras las guardábamos en nuestros corazones como joyas preciosas. Mamá amaba la música, entonces Karen y yo sacamos el libro de himnos y, comenzando en la primera pagina, cantamos todas las canciones que conocíamos—que eran muchas—mientras ella se recostaba en la cama del hospicio con una mirada de satisfacción en los ojos. Este espíritu de diversión continuó día tras día. Mamá se quedaba dormida por muchas horas y después, otra vez se despertaba, lista para seguir cantando y riendo y haciendo chistes. Mamá no tenía miedo de hablar sobre su condición, entonces no había razón alguna por la cual uno debía cuidar lo que decía.

"Necesitas un trasplante de la cabeza", nos burlábamos.

En un segundo ella nos respondía, susurrando, "Yo no quiero cualquier cabeza. ¡Tiene que ser una bonita!"

Y así pasó el tiempo. Dios nos dio más de una semana juntas. Finalmente llegó aquel día que nosotros sabíamos sería el último para ella. Aunque estaba increíblemente débil y no podía hablar, Mamá estaba muy consciente. Nos acercamos a ella para despedirnos aquí en la Tierra. Le agradecimos por todo, le dijimos cuánto la queríamos y mandamos saludos para gente en el cielo. "¡Dile a la abuelita Hansen que la queremos! ¡Dile que nos vemos allá!

El próximo día, después de haber dormido por muchas horas, Mamá tuvo muchos problemas para respirar. Sabíamos que la muerte estaba muy cerca. Pero sabíamos que esto no era sólo muerte; esto también era un nacimiento—nacimiento a una vida eterna.

Sabíamos que a Mamá le gustaría tener música a su alrededor mientras moría. Otras personas se acercaron mientras que Karen y yo, sentadas a su lado, cantamos, "Jesus, I am Resting" (Jesús, Estoy Descansando), "My Faith has Found a Resting Place" (Mi Fe a Encontrado un Lugar de Descanso) y "Draw Me Nearer" (Acércame Más a Ti). Y por último, mientras entraba a la presencia de Dios, cantamos, "My Jesus, I Love Thee" (Mi Jesús, Te Quiero).

<u>Mi Jesús, Te Quiero</u>
Mi Jesús, te quiero, sé que Tú eres mío;
Por Ti, dejo atrás todas las locuras del pecado;
Mi Redentor gentil, Mi Salvador eres Tú;
Si alguna vez te quise, mi Jesús, es ahora.

Mamá

Te quiero porque Tú me quisiste primero,
Y compraste mi redención en el árbol del Calvario;
Te quiero porque Te pusiste los espinos en la frente;
Si alguna vez de quise, mi Jesús, es ahora.

Te querré en la vida, Te querré en la muerte,
Y Te alabaré hasta que me quites el aliento;
Y diré, cuando el rocío de la muerte llegue a mi frente;
"Si alguna vez te quise, mi Jesús, es ahora".

En las mansiones de gloria y felicidad interminable,
Te adoraré en el cielo brillante;
Y cantando Tus alabanzas, ante Ti me postraré;
Si alguna vez te quise, mi Jesús, es ahora.[5]

Yo realmente esperaba ver ángeles. Los podía sentir en la habitación.

Mamá entró al cielo el 6 de abril del 2000. Karen y yo nacimos el 8 de abril de 1960. En otras palabras, estábamos juntas y estábamos cumpliendo cuarenta. Desafortunadamente, con la reciente muerte de Mamá, era difícil saber cuánto debíamos festejar. Pero al mismo tiempo, parecía mal no celebrar. Después de todo, *Mamá* había considerado nuestro cumpleaños un día muy especial. Luego, completamente inesperado, la fiesta vino a nosotras. Uno tras el otro, llegaban amigos y parientes trayendo tortas, globos, tarjetas, regalos, y aun más importante que todo, trayéndose a ellos mismos, convirtiendo un cumpleaños muy importante, aunque incomodo, en uno muy, muy especial.

¡A mamá siempre le habían encantado todos los acontecimientos—y su entierro fue todo un acontecimiento! Fue dos días después de nuestro cumpleaños y, lleno de canciones significativas, elogios sentimentales y una gran abundancia de rosas rojas, fue hermoso.

---

[5] Versión original: William Featherston, "My Jesus, I Love Thee" (1864). Music: Adoniram Gordon, 1876. Versión traducida: Laura Vargas Monje.

Después del entierro, me concentré en arreglar todos los detalles para regresar a África. Fui a todos los lugares donde tenía que ir, compré todo lo que tenía que comprar y visité a todas las personas que tenía que visitar.

Después regresé a África, sentada entre dos pasajeros con los que compartí la historia de la bondad de Dios. Regresé a casa después de tres semanas—exactamente la misma cantidad de tiempo que le había dicho a Mark que yo iba a necesitar.

Aprendí que Dios es tan real en la muerte como lo es en la vida. Todo lo que Mamá había necesitado durante su vida, Él había proveído. Todo lo que ella necesitaba en la muerte, Él también había proveído. Todo lo que yo necesitaba, y algunas cosas que simplemente quería, Dios también me había proveído.

Capítulo 14: La Creación de un Hombre

"¡Mark! ¡Mira esto! ¡Eres muy rico—y cada día vas volviéndote aun más rico!"

Yo estaba leyendo el sexto capítulo de San Lucas. Los versículos 22 y 23 me parecieron muy interesantes:

> Bienaventurados seréis cuando los hombres os aborrezcan, y cuando os aparten de sí, y os vituperen, y desechen vuestro nombre como malo, por causa del Hijo del Hombre. Gozaos en aquel día, y alegraos, porque he aquí vuestro galardón es grande en los cielos; porque así hacían sus padres con los profetas.

Sabíamos que la Guerra Civil de Liberia afectaba mucho a nuestras vidas, pero otro tipo de guerra, una batalla espiritual inmensa, estaba ocurriendo también.

Misioneros que venían de una variedad de denominaciones y organizaciones habían tenido ministerios en Liberia por muchas décadas. La misión Baptist Mid-Mission había enviado a su primera pareja en 1938. Más de cien misioneros de BBM habían vivido y trabajado en Liberia desde ese entonces. A los misioneros se les otorgaba propiedad para que puedan construir iglesias o estaciones para la misión, y en los primeros días de trabajo misionero en Liberia, ya que los américo-liberianos se concentraban más en ciudades cerca a la costa, no habían carreteras que llegaban a estas propiedades. Los misioneros caminaban. No habían casas, pozos de agua, ni generadores eléctricos listos para cuando lleguen los misioneros.

El mensaje que tenían era simple y asombroso: Jesucristo, el Hijo amado de Dios, había sido enviado desde el cielo a la tierra. Su madre terrestre, María, era una virgen cuando Él fue concebido. Después de haber vivido una vida perfecta, Jesús fue crucificado brutalmente en una cruz romana, fue enterrado, y después de tres días resucitó, victoriosamente venció a la muerte.

Esto fue lo que probó de una vez por todas, que Jesús era Dios, "Yo y el Padre uno somos" (San Juan 10:30), y que Su muerte, en vez de sólo ser el destino, fue algo planeado y tenía un significado sobrenatural sumamente importante. Jesús se había entregado como un regalo, el sacrificio expiado que la santidad de Dios demandaba por los pecados de la humanidad. Para que alguien se convierta en un hijo o hija de Dios, en un Cristiano/a, debía arrepentirse de sus pecados y reconocer que Jesús es el Señor y el Amo. Hacer esto implica aceptar el regalo más maravilloso que pueda existir—la vida eterna con Dios mismo en el cielo.

Algunas personas recibieron a estas "Buenas Nuevas" con mucha alegría, y llenas de emoción, los misioneros abrieron escuelas para que los nuevos creyentes puedan aprender a leer la Biblia. Después de todo, la lectura es clave para llegar a entender las instrucciones escritas de Dios para el diario vivir cristiano. Aunque el inglés que habían traído los américo-liberianos era el idioma nacional, durante esos tiempos, muchos de los liberianos que vivían en el interior del país sólo hablaban los dialectos de sus regiones. Estas nuevas escuelas misioneras se enfocaban no sólo en enseñar a los estudiantes como hablar inglés, pero también como leerlo y escribirlo. Este nuevo enfoque abrió puertas para que la gente que vivía en las zonas interiores del país tengan oportunidades que antes no hubieran podido tener.

Además de las escuelas, las organizaciones misioneras también abrieron clínicas y hospitales. No fue una sorpresa que, aunque estos ministerios eran maravillosos y necesarios, lo pequeño hizo mover al enfoque principal y grande, y el enfoque principal misionero de evangelización y discipulado se perdió. En vez de poner cómo prioridad las necesidades espirituales de los pacientes, muchos de los centros médicos se enfocaron principalmente en las necesidades físicas que eran urgentes. El enfoque de la mayoría de las escuelas ya no era principalmente que los estudiantes lleguen a entender la Biblia, sino que se superen de manera personal. La gente de Liberia se juntaba con

La Creación de un Hombre

el equipo misionero que le podía ofrecer las mejores posibilidades y beneficios para el presente y el futuro.

Después, llegó la guerra. Los misioneros extranjeros se escaparon y, por primera vez en mucho tiempo, la gente de Liberia estaba sola y tenía el mando. Algunos de los liberianos que estaban en posiciones de liderazgo importantes ya habían mostrado que eran leales. Otros habían sido puestos rápidamente por primera vez en posiciones con mucha responsabilidad, ya que los misioneros se estaban yendo muy rápido. Y debido a las muchas necesidades de la gente de Liberia y a la generosidad de aquellas personas que escucharon de esas necesidades, agencias mandaron dinero a estos líderes. A veces mucho dinero.

Ahora, después de muchos años de conflicto, muchos de los líderes de la iglesia liberiana dentro del evangelio de Baptist Mid-Missions, estaban sumamente insatisfechos. A través de los años, desde que comenzó la guerra, ellos habían visto a mucha gente beneficiarse económicamente y de otras maneras por asociarse con agencias cristianas de otras partes del mundo, y sentían que los beneficios de estar asociados con Baptist Mid-Missions y sus misioneros, eran sumamente inadecuados. Autos, viajes a los Estados Unidos, y financiamiento mensual eran sólo unos cuantos de los beneficios que ellos habían visto a las otras personas obtener, y que ellos también querían. Su educación excelente era obvia; articularon claramente su insatisfacción.

Es más, verbalmente y en escrito, estos líderes declararon que el trabajo misionero en Liberia había fracasado. A través de muchas reuniones y cartas, Mark, junto con nuestros compañeros de trabajo en la misión, explicaron la posición de nuestra misión. Aunque sí tratábamos de ayudar donde podíamos—cientos de miles de dólares se habían usado en Liberia durante el transcurso de muchos años para una variedad de cosas—el objetivo principal de la misión no era material. Más bien, el objetivo primordial de Baptist Mid-Missions es de ministerios que son completamente independientes, de auto-provisión y autogobierno.

Nosotros teníamos un gran compromiso con esta manera de ver al ministerio. Sentíamos que era bíblica y habíamos visto que era exitosa también. Alrededor de toda Liberia, a pesar de que había una guerra, las iglesias que trabajaban con Baptist Mid-Missions habían tenido sus puertas abiertas siempre. Otras denominaciones que habían enseñado a los líderes a depender en apoyo económico de otras partes, se cerraban cuando ya no les llegaba el dinero de otras partes.

Estas explicaciones no tranquilizaron a los líderes. Se volvió sumamente claro para nosotros con el transcurso de meses y luego años con este problema, que ellos creían que si se juntaban y no cambiaban de opinión, podrían llegar a forzar a Baptist Mid-Missions a rendirse ante sus demandas. Lamentablemente, nos dimos cuenta de que para estos hombres, Baptist Mid-Missions *sí* había fracasado. Sólo las personas que no entendían el valor trascendente del evangelio, eran capaces de "bloquear y tener huelgas" porque no se les había dado "cosas".

Una carta en particular, firmada por muchos de los pastores liberianos, detallaba todos los "fracasos" de Baptist Mid-Missions desde hace más de cincuenta años atrás. La gran exposición insolente de ingratitud hacia todos los sacrificios que habían hecho los misioneros en el pasado realmente era más que doloroso para nuestros compañeros de trabajo de la misión y para nosotros. Estos misioneros pioneros eran nuestros héroes; para algunas de las personas eran padres, literalmente. La actitud crítica de los espiritualmente ricos líderes liberianos, a los que habíamos "tocado" con la Palabra, se contrastaba de manera muy obvia con las necesidades de aquellos espiritualmente pobres, a los que "no habíamos tocado" en Costa de Marfil. Cuatro familias misioneras decidieron cambiar el enfoque de su ministerio a Costa de Marfil en vez de Liberia.

Sólo nosotros nos quedamos. Aunque comprendíamos completamente el razonamiento de nuestros amigos misioneros, simplemente no podíamos ir con ellos. Mark estaba trabajando con algunos pastores liberianos que tenían otra mentalidad que aquellos que habían firmado esa carta. Él realmente sentía que

La Creación de un Hombre

Dios quería que nos quedemos para animar a estos hombres y seguir trabajando con ellos.

Las cosas cambiaron para nosotros cuando nuestros amigos decidieron cambiar el enfoque de su ministerio. Los anteriores ataques hacia Baptist Mid-Missions habían sido dirigidos hacia todo el grupo y habían sido respondidos por todo el grupo. Ahora, ya que sólo nosotros estábamos trabajando con Liberia, las quejas llegaban directamente a nosotros y las acusaciones casi siempre eran personales.

La intensidad de los ataques nos dirigió a ambos a la oración y a la Biblia. Muchísimas veces recurrimos a la misericordia de Dios, rogándole que lleve esta carga que era muy pesada para nosotros. Muchísimas veces Él nos levantó para que continuemos con la gracia que nos había dado para un día más.

El libro de Salmos recobró vida, dándonos respiros de esperanza cuando parecía que ya no había más esperanza. Nuestros enemigos nos perseguían como lo habían hecho los enemigos de David. Dios había mostrado su lealtad con David, y estábamos seguros de que también la mostraría con nosotros.

El Nuevo Testamento estaba lleno de tesoros también. Nos aferramos a versículos como el de Hebreos 6:10, "Porque Dios no es injusto para olvidar vuestra obra y el trabajo de amor que habéis mostrado hacia su nombre, habiendo servido a los santos y sirviéndoles aún". Nos entregamos al cuidado de Dios, sabiendo que aunque todos se olviden sobre nuestro "trabajo de amor", Dios no se olvidaría.

Aunque ambos teníamos que enfrentarnos a los ataques diarios de aquellos que se habían convertido en nuestros enemigos, los ataques iban primordialmente contra Mark. La estrategia de nuestros detractores era obvia—si no podían hacer que Mark haga lo que digan, entonces harían todo lo posible para que esté miserable y para que renuncie. Si eso pasaba, ellos legítimamente podían decir que no había nadie trabajando con ellos y así podrían buscar una relación con una organización mejor y nueva—una que traería más beneficiosos.

Durante un "ataque" ante una iglesia llenísima, disfrazado por el nombre de "resolver los problemas entre nosotros", Mark fue acusado de un montón de cosas, pequeñas y grandes. La escuela Bíblica era inferior y deficiente y él hablaba cosas falsa sobre ella. Él se asociaba con gente mala. Él no daba lo suficiente.

Y seguía y seguía; sus detractores estaban listos para desanimarlo y derrotarlo. Pero en vez de dejarlos ganar, interiormente Mark se rió. ¿Quién era mejor que él para estar en esta situación tan no-codiciada? ¡Él estaba acostumbrado a los problemas! ¡Y qué irónico que después de todos esos chistes, payasadas y mal comportamiento en general que había tenido durante su niñez y adolescencia, se encontraba aquí, en la peor confrontación de toda su vida—mucho peor que cualquier visita a la oficina del director—y *no* era culpable!

Durante la reunión, uno de nuestros amigos pastores escuchó a unas mujeres que suponían que Mark no sabía suficiente inglés liberiano como para poder entender lo que se le estaba diciendo. Seguramente, ellas razonaron, si él entendería lo que estaban diciendo, respondería a sus acusadores.

No, él entendía perfectamente lo que le estaban diciendo. Pero era por la gracia de Dios que Mark era el hombre perfecto para este trabajo. Él era un hombre tranquilo y ante una situación donde otros hombres explotarían con furia, Mark se sentó educadamente esperando el momento adecuado para hablar, y con la ayuda de Dios, poder hablar de la manera correcta. En una situación donde otros hombres se dejarían llevar por su orgullo y se defenderían—incluso sabiendo que no ayudaría en nada—Dios había convertido a Mark en alguien tan humilde a través de todas nuestras pruebas, que ahora él estaba satisfecho con que Dios lo defienda. Adicionalmente, Mark había estado creando apuntes para las escuelas Bíblicas por ocho años. Él había pasado cientos de horas estudiando la Biblia para que estos apuntes sean lo más preciso posible. Esta "educación de seminario sin haber ido al seminario" le ayudó muchísimo. Mark sabía cómo responder a sus acusadores de una manera Bíblica.

La Creación de un Hombre

El hijo, ya un adulto, de uno de los pastores, un hombre que considerábamos un amigo, se acercó a Mark mientras se iba de la iglesia después de que había acabado la reunión del primer día. ¿Acaso Mark no se consideraba un profeta falso? le preguntó acremente. Y luego durante el segundo día, después de muchas horas de haber sido acusado de una variedad de cosas, Mark estaba más que listo para regresar a casa. Pero en vez de que lo dejen ir, al salir de la iglesia le esperaba un oficial del gobierno, y con el tiempo, fue llevado al Departamento de Inmigración en Monrovia—en nuestro vehículo y a nuestras expensas. Fue acusado de entrar a Liberia ilegalmente. También lo acusaron de algo más serio, y potencialmente hasta mortal. Lo acusaron de ser un mercenario. Damos gracias que los oficiales se avergonzaron por la ridiculez de tal acusación que no hicieron nada al respecto. Después de que Mark le explicó al oficial del Departamento de Inmigración de donde había venido y lo que estaba pasando, el hombre pudo ver de dónde venían las acusaciones. Mark pudo regresar a Costa de Marfil.

Mark dirige la celebración después de una reunión de bautizo

A través del calor del fuego del Refinador vi a Mark crecer. *¿Quién es este hombre que ama tanto a la Biblia?* me pregunté al verlo compartir con mucha sabiduría la Palabra de Dios ante un grupo de pastores. *¿Quién es este hombre que se llena de gozo al ver a la gente crecer en la fe?* me pregunté al verlo entrar al río para bautizar a creyentes liberianos. *¿Quién es este hombre que da consejos tan sabios a nuestros hijos? ¿Quién es este hombre que opina tan radicalmente sobre la pureza interna?* Definitivamente no era el Mark Sheppard con quien yo me había casado. Tampoco era resultado de ningún intento mío de tratar de arreglarlo o mejorarlo. No, este Mark Sheppard era alguien que sólo Dios podía haber creado.

Capítulo 15: Convirtiéndome en la Hija de Sarah

Mark y yo estábamos cambiando y creciendo, y vivíamos dentro de nuestro matrimonio con más armonía que nunca antes. Los dos nos volvimos más transparentes con respecto a nuestras faltas y reconocíamos nuestros pecados más rápido. Aunque definitivamente no éramos perfectos, sí íbamos pecando menos y menos.

A través de los años yo había leído docenas, si no cientos de libros cristianos sobre el matrimonio y el hogar. Yo regularmente enseñaba a muchas mujeres los principios bíblicos, ya sea en grupos o de manera individual. Honestamente, yo pensaba que sabía todo lo que uno tenía que saber sobre lo que Dios dice sobre el matrimonio y sobre ser una buena esposa.

Pero un día mientras leía mi Biblia, el Señor me tocó el corazón con 1 Pedro 3:5-6. "Porque así también se ataviaban en otro tiempo aquellas santas mujeres que esperaban en Dios, estando sujetas a sus maridos; como Sara obedecía a Abraham, llamándole señor, de la cual vosotras habéis venido a ser hijas, si hacéis el bien, sin temer ninguna amenaza".

Durante los próximos días comencé a leer y releer esos versículos en diferentes interpretaciones de la Biblia. Comencé a preguntarme porque era que pensaba tanto en ellos, y de qué manera se relacionaba ese fragmento conmigo.

Obviamente Sara realmente respetaba a Abraham si ella lo llamaba "señor", y obviamente esa manera de dirigirse a su esposo realmente honraba a Dios lo suficiente como para que Él lo mencione—incluso hasta tal punto que diga que las mujeres se podían convertir en hijas de Sara si la imitaban y no dejándose llevar por el miedo. Yo sabía que en Efesios 5:33 decía que la "mujer reverencie a su marido", y me preguntaba si ambos fragmentos hablaban de lo mismo. ¿Era acaso un ejemplo de reverencia bíblica este respeto extremo que sentía Sara hacia Abraham?

Después de pasar muchos días leyendo y releyendo los versículos, y reflexionando muchísimo sobre ellos, me vi obligada a reconocer que Dios mismo era la fuente de mi obsesión. Obviamente había algo dentro de estos versículos que Él quería que yo vea. Algo que Él quería que yo obedezca. ¿Pero qué?

¿Acaso Dios me estaba pidiendo que *reverencie* a Mark?

Seguramente, seguramente, *seguramente* yo estaba entendiendo mal. Sabiendo que la palabra "sumisión" no es políticamente correcta para nada—¡"reverencia" era *mucho* peor! Además, ¿acaso la reverencia no era algo que sólo se hacía ante Dios, Alguien grande, santo y perfecto? Él se lo merecía. ¿Pero reverenciar a una persona? ¿Reverenciar a *Mark*? ¡Aunque él sí estaba cambiando y creciendo, no era perfecto y reverenciarlo parecía un poco exagerado! Además, ¿acaso Mark iba a *querer* ser "reverenciado"?

Pero yo tampoco quería perderme de algo que Dios tenía para mí. ¡Él definitivamente no me había llevado por el camino incorrecto en relación a otras cosas! ¿Qué tal si existía otro nivel de obediencia a Dios que exigía que yo vaya más allá de la sumisión que estaba practicando, y realmente *reverencie* a Mark?

Finalmente hablé con él. Quería que Mark me asegurara que el pasaje de la Biblia no estaba pidiendo algo nuevo. Abriendo mi Biblia y apuntando a 1 Pedro 3:6, le pregunté, "¿Qué tiene que ver esto conmigo? ¿La sumisión *es* la reverencia, no? ¿O por lo menos está cerca a ella? ¡No puede significar lo que parece que significa! Además, ¿acaso tú *quieres* esto?"

Sabiamente Mark, en vez de responderme, fue a buscar los versículos en diferentes libros de estudio bíblico. Él sabía que esto no tenía nada que ver con lo que él quería o no quería.

"¡Además, yo no tengo miedo de nada!" le dije mientras salía de la habitación.

Tú sí tienes miedo. Tienes miedo que Mark piense que es algo "pequeño".

Me quedé sorprendida por la gran lluvia de honestidad que llenó mis pensamientos. Inesperadamente, me di cuenta que ¡*sí* tenía miedo! Tenía miedo que si yo hacía esto—*reverenciaba* a Mark—él pensaría que era algo que él simplemente merecía, o inclusive peor, pensaría que de alguna manera esto era fácil para mí y por lo tanto, era insignificante. ¡Algo pequeño! ¡No, esto era *gigante*!

Mark regresó de la oficina. "Es tan malo como parece", dijo. "La sumisión y la reverencia no son lo mismo". Me explicó que el someterse quería decir "ceder a la admonición o al consejo de uno". Reverenciar quería decir, "tratar al otro con deferencia o con obediencia reverencial".

Bueno, Dios sabía que si yo le iba a dar a Mark la reverencia—subiendo hasta *ese* nivel—sería sólo porque Dios mismo me lo pediría. Sin embargo, yo podía ver en 1 Pedro 3:5-6 que *sí* era Dios, y no Mark, quien me lo estaba pidiendo.

"Muy bien. ¡Entonces lo *haré*!" anuncié apasionadamente.

Durante los próximos días después de todo eso, pasé mucho tiempo pensando en cómo se veía la reverencia en la vida diaria. El dirigirme a Mark como "señor" obviamente no era la respuesta del siglo 21. No, no era un nombre que Dios me estaba pidiendo dar a Mark, pero más bien una deferencia. Yo tenía que deferir a Mark con reverencia. Respeto real.

Entonces con la ayuda de Dios, lo hice. No lo hice sin fallas, pero sí le di más respeto. Al rendirme ante él, algo inesperado pasó. Mark completamente se relajó en relación a nuestra relación. De una manera extraña, hasta se podía ver a este relajamiento de una manera física. Un día me confesó que, "En el pasado yo sabía que tú estabas haciendo un esfuerzo, pero siempre tenía miedo que la antigua Nancy surgiría otra vez y me retaría. Ahora te creo". Yo no me había dado cuenta que él también tenía temores. Estaba agradecida que verbalmente le había dicho sobre mi compromiso.

Mark se enamoró más profundamente de mí, tal vez porque existía un nuevo nivel de confianza entre nosotros. Con ojos llenos de amor me dijo cuán bendecido se sentía de tenerme. Me seguía por todas partes hablándome—queriendo tocarme. ¡Era cómo una luna de miel!

Y aunque yo trataba a Mark con este nuevo nivel de respeto, yo disfrutaba mucho de mi secreto. Mientras el mundo trataba de decir a las mujeres que son fuertes si tratan de hacer que todos hagan lo que ellas quieren, yo sabía la verdad. El reverenciar a otro humano requería de *mucha* más fuerza que el forzar a otros a hacer lo que yo quería.

Mark definitivamente no lo vio como algo "pequeño" como yo había temido que lo haga. ¡Él me conocía muy bien como para hacer algo como eso! Él había sido testigo de la lucha y sabía que este rendimiento era otra muestra de la "muerte de uno mismo". Me sentía tan feliz que yo había decidió ceder a la autoridad de la Palabra de Dios. Vi de nuevo que cuando Dios me pide que haga algo, siempre está pensando en lo que es mejor para mí.

Capítulo 16: La Prueba de Fuego

"La gente aquí no está convencida con lo que estás diciendo", Karen me respondió cuando le conté lo que Dios me estaba enseñando sobre la reverencia. Me reí internamente.

En San Pedro, la ciudad costera en donde estábamos viviendo, teníamos acceso a internet. Mi hermana gemela y yo estábamos disfrutando de algo que nunca pensábamos que íbamos a poder tener—el mantenernos en contacto diario mientras yo estaba en África. Hablábamos de todo y de nada. Ya que éramos gemelas, me intrigaba muchísimo saber lo que Dios estaba haciendo en su vida y si existía alguna relación con lo que Él estaba haciendo en mi vida. ¿Eran las lecciones que el Señor me estaba enseñando a través del trabajo con los refugiados lecciones universales? Y si lo eran, ¿Cómo enseñaría Dios a Karen?

Karen me contó sobre su iglesia y sobre todas las cosas que su familia estaba aprendiendo. Su pastor estaba predicando una serie que trataba sobre *El Principio Tesoro*. Usando los mismos principios que Randy Alcorn usa en su pequeño libro que tiene el mismo título, la congregación estaba siendo animada a confiar en Dios con sus finanzas. También, en una conferencia de misiones, el orador incorporó algunas de esas ideas en su charla. "Si dinero inesperado te llega, ¿estarías dispuesto a dárselo a Dios?" Fue una pregunta desafiante que les hizo.

Un día Karen me mandó una carta que fue particularmente emocionante. Completamente de sorpresa, dinero de una demanda entre un antiguo empleado-accionista y el ex jefe de su esposo llegó a sus manos. En vez de aumentar a su pequeña casita, le dieron el dinero a Dios, tal como habían prometido. Más específicamente, estaba siendo usado para pagar el viaje de misiones de Karen y sus hijos. Kiersten, de trece años, estaba yendo a Etiopía, y Chip, de diecisiete, a Malawi. Karen, con el bebé Jake, estaba viniendo a Costa de Marfil.

¡Era un sueño vuelto realidad! Karen me iba a visitar en África. Pero ella tenía que trabajar, me dijo. No podía ser sólo un viaje de puro placer. Tenía que ser un verdadero viaje de misiones. Entusiasmada, yo planeé nuestros proyectos. Mientras tanto, en los Estados Unidos, Karen empacaba y se aseguraba que Jake tuviera todas sus vacunas y esté listo para viajar.

Yo estaba sumamente emocionada el día que llegaron Karen y Jake. No podía esperar poder mostrarles Costa de Marfil. Mi vida misionera antes había sido todo un misterio para ella, pero ahora, por fin, Karen podría tener la misma experiencia.

Era interesante ver a Abidjan a través de sus ojos. Nosotros ya estábamos acostumbrados a la gran multitud de peatones que caminaban rápidamente entre el gran flujo de tránsito, pero ella no lo estaba. Nosotros ya habíamos visto a las casuchas, que estaban lado a lado, en los barrios pobres o que habían sido construidas contra la pared de algún recinto opulento. Y los vendedores que parecían "Wal-Marts andantes", que vendían de todo un poco, desde loros hasta tablas para planchar. Ellos ya no nos sorprendían, pero ¡sí que sorprendían a Karen!

Cuando ya estábamos en San Pedro, comenzamos con uno de nuestros proyectos—el organizar la biblioteca de la Escuela Bíblica. Mientras Karen y yo estábamos en camino a un pequeño restaurante para almorzar, ella sacaba fotos de las gallinas flacas que picoteaban los lados de las "montañas" de basura que había. Los peatones se reían con nosotros al ver cuán sorprendida estaba Karen de ver a una manada de vacas jorobadas y flacas cruzar la carretera, parando la gran circulación de vehículos.

Ya que Karen y yo no estábamos juntas la mayoría del tiempo, ella no conocía muy bien a mis hijos, y me alegró mucho tener esta oportunidad para que ella pueda conocerlos y ver como se estaban convirtiendo en jóvenes bellos. John-Mark se había ido a la universidad, pero los otros cuatro estaban. Melodie no los cocinó deliciosos platos. Nathan cautivó a Karen con sus historias de accidentes de bicicleta y las aventuras en la playa.

Heidi la bendijo con sus proyectos de arte, mientras Jared le mostraba sus juguetes favoritos. Mis hijos la llenaron de historias sobre las oportunidades de ministerio, sobre las metidas de pata sociales y culturales, y la gran montonera de propuestas de matrimonio. Reímos hasta llorar. Mientras charlábamos, nuestras mascotas, la mangosta, la civeta africana de las palmeras y la gineta—Mr. Anderson, Angie y Alex—jugaban entre ellos. Karen quedó sorprendida que dábamos por sentado el hecho que teníamos animales que normalmente sólo vez en el zoológico, viviendo en nuestra casa.

Nancy y Karen en San Pedro—2002

Una semana después de que habían llegado, Karen recibió un correo de su esposo. "No te preocupes de nada", decía. "Los daños del incendio pueden ser arreglados antes de que tú llegues a casa". También explicaba que los niños estaban bien; habían saltado de una ventana. Y después decía, "¿Qué color prefieres que sean los nuevos muebles en la cocina?"

¿Qué? ¿Daños del incendio? ¿Y si el incendio fue pequeño y no había nada de qué preocuparse, por qué estaban saltando de las ventanas los niños? ¡Qué estaba pasando! Karen, que sabía que a Chuck le gustaba dar las malas noticias poco a poco, estaba sospechosa. Ella le respondió a la carta, pidiéndole detalles y el próximo día ansiosamente abrimos el correo cuando vimos que había una respuesta.

"Olvida lo que te dije ayer", comenzaba la carta, y luego Chuck explicó una versión más completa de lo que había pasado y lo que estaba pasando. Mientras él estaba en la oficina de seguros para contarles lo que había pasado, recibió una llamada. El incendio original, que sólo había sido en la cocina y estaba siendo apagado por los bomberos locales, se había prendido de nuevo, y los amigos que pasaban por la casa podían ver las llamas saliendo por las ventanas de la casa.

Karen estaba afligida. Ella se encontraba aquí, al otro lado del mundo, mientas su familia estaba pasando por esta horrible situación. Hubiera estado en Tennessee en este momento si ella y Chuck no le hubieran encomendado a Dios su dinero. ¿Qué debía hacer ella? ¿Irse a casa? ¿Dónde se encontraba Dios a través de todo esto? ¡Qué estaba *haciendo*!

Entre chiste y chiste, Karen no sentía mucha pena por perder la casa en sí. Era muy pequeña para su familia de siete personas. Su esposo se sentía reluctante de siquiera considerar la posibilidad de mudarse por el hecho de que ya habían pagado completamente por la casa. Recientemente, después de años de luchar contra su insatisfacción, Karen le había dado la situación de la casa a Dios y dejó de rogar. Ahora, debido al incendio, *tenían* que mudarse. ¿Pero a dónde se iban a mudar? ¿A un tráiler? ¿Una casa que era aun más pequeña de la que antes tenían?

Yo entendía la situación. Yo sabía cómo se sentía uno al tener que encontrar una casa desesperadamente, y traté de asegurar a Karen que todo iba a estar bien. "Yo he visto a Dios hacer algo como esto antes", le dije. "Antes de que vayamos a Bloléquin, Mark fue solo para buscar una casa. No había absolutamente nada que satisfaga nuestras necesidades, y él tuvo que regresar a Abidjan con las malas noticias.

La Prueba de Fuego

"Nuestra estadía en la casa de huéspedes de Abidjan se expiró y teníamos que irnos. Mientras íbamos manejando por la carretera en camino a Bloléquin, yo estaba pensando sobre nuestro dilema. A parte de un espacio donde podía dormir nuestra familia de siete, necesitábamos una oficina y un cuarto para la escuela. La casa tenía que ser lo suficiente grande como para que entren los huéspedes que se quedaban a dormir de vez en cuando. De veras que necesitábamos una casa de seis cuartos, y la familia Abernethy necesitaba una también. Yo sabía que no había nada parecido a eso en Bloléquin.

"Después, tuve una idea. Si poníamos una puerta entre dos apartamentos, podíamos modificarlos para que se conviertan en un apartamento grande. Le describí mi plan a Mark mientras él manejaba.

"Al día siguiente fuimos a buscar un lugar. En la orilla de una pradera gigante, encontramos un cuádruplex a medio construir de dos pisos. Estaba diseñado de tal manera que era posible hacer todo lo que yo había descrito el día antes. Los Abernethy pusieron una puerta entre los dos apartamentos de arriba y nosotros hicimos lo mismo con los de abajo. Funcionó perfectamente.

"Entonces, Dios puede hacer lo mismo para ti. Él te puede ayudar a encontrar la casa perfecta para tu familia. Tú estás aquí porque confiaste en Dios, y es Dios quien quedará mal si Él no busca la manera de arreglar esto para que sea beneficioso para ustedes. Siempre podemos confiar en Dios para que proteja su buena reputación. Entonces, descríbeme la casa que necesitas para el ministerio que Dios te ha encomendado, y yo anotaré los detalles".

Nos sentamos juntas en la mesa, y ella comenzó a describir la casa. Al principio lo hizo titubeando, pero luego, le inundaron las ideas. Ella me describió la casa que llegaría a satisfacer las necesidades de su gran familia. Yo anoté doce puntos sobre la casa, desde qué tamaño tenía que ser el jardín hasta el número de habitaciones. La animé que confiara en Dios. Yo sabía que Él era completamente digno de confianza.

Karen y yo llevamos a cabo los proyectos que habíamos planeado. Mezclamos el trabajo con la diversión. Fue maravilloso. Y Jake no causó ningún problema. Aunque ya casi tenía un año, era muy tranquilo y sólo se quedaba sentadito o durmiendo la mayoría del tiempo.

Dos días después de llegar a Tennessee, Chuck y Karen se reunieron con un agente inmobiliario. Ellos describieron la casa que necesitaban. Nada. Desilusionados, partieron de la oficina y fueron a la casa quemada para echarle una mirada. Más tarde, en camino de vuelta al hotel, vieron un aviso justo en frente de una casa roja, grande de ladrillo en la Calle Main. "En Venta Por los Dueños", decía. La casa era hermosa y estaba en un vecindario lindo. Estacionaron el auto y se bajaron, miraron hacia adentro por las ventanas. El interior de la casa era abierto y tenía mucho campo.

Al día siguiente el dueño les mostró la casa. Tenía todo lo que Karen me había dictado en la lista, incluso más. Al ver las fotos que Karen me mandaba por el internet y por lo que me contaba sobre la casa, yo sabía que esto era algo de Dios.

Celebramos con Karen el día que se mudaron a la casa, al igual que el día que la dedicaron a Dios con una fiesta Open House para sus amigos y parientes. Un acontecimiento tan emocionante merecía un regalo especial. Melodie, la Señorita Creatividad, diseñó un proyecto de punto-cruz que hicimos juntas. Encima de una cornucopia de flores hermosas, bordamos el versículo clave del *Principio Tesoro (The Treasure Principle)*. "Además, el reino de los cielos es semejante a un tesoro escondido en un campo, el cual un hombre halla, y lo esconde de nuevo; y gozoso por ello va y vende todo lo que tiene, y compra aquel campo". Mateo 13:44. Describía perfectamente lo que Chuck y Karen estaban aprendiendo. Cuando uno encuentra el Tesoro real, puede confiar en Él con los tesoros terrestres.

A través de la provisión de esta nueva casa, Karen vio el increíble amor personal que Dios tiene hacia ella. Le dio a Karen más de lo que ella podía pedir o entender (Efesios 3:20). Ella necesitaba saber eso. Era la base para lo que iba a venir más tarde: la diagnosis de autismo de Jake. Dios estaba trabajando, purificando, en la normal, no-misionera vida de Karen de la misma manera que en mi misionera-a-África estilo de vida. Era lo que Él quería hacer en las vidas de todos.

Capítulo 17: Por Fin de Vuelta

En 2001, después de haber estado con nuestro ministerio en San Pedro, Costa de Marfil, por un año, Mark sintió que Dios le estaba guiando hacia un trabajo de viajes de enseñanza a Liberia. Él sentía una gran carga por las iglesias y soñaba con tener un programa que permitiría a los pastores y a otros líderes de las iglesias a que aumenten su entendimiento de la Biblia sin tener que pasar mucho tiempo lejos de su familia y sus ministerios.

Nuestros amigos pastores estaban sumamente agradecidos por Mark y su disposición a ir, y por Baptist Mid-Missions por darnos el permiso de viajar de Costa de Marfil a una Liberia muy insegura. Ellos amaban la Palabra de Dios y nos amaban a nosotros. Nuestros corazones sentían gran alegría al escucharles decir, "Son mejores que cientos de misioneros. Sus corazones realmente están con nosotros", nos decían. Nosotros también estábamos muy agradecidos por ellos.

Después de mucha preparación y muchos planes, por fin se volvió realidad el sueño de Mark. Nos movíamos de un lado al otro como muñecos de trapo mientras el Nissan Patrol pasaba por las carreteras hundidas de Liberia. Durante la temporada de lluvia era todo un afán sacar el auto de los gigantes huecos llenos de barro que encontrábamos en el camino. Nuestra paciencia fue puesta a prueba al encontrarnos con docenas de puntos de revisión del gobierno, a veces había uno en cada puente, o sea que demoraban nuestro viaje.

Pastores y líderes de iglesias vinieron de sus ciudades y aldeas, algunos hasta caminaban días para llegar. Por dos semanas, por ocho horas al día, Mark enseñaba hasta que su garganta le dolía. Yo enseñaba a las mujeres durante la tarde, después de que acaben con sus responsabilidades en la cocina.

Una día, después de enseñar, fuimos a Monrovia para una reunión muy importante. Después de que llegamos, nos informaron que la reunión había sido postergada. Reservamos la casa de huéspedes por unos días más y decidimos sacarle provecho al tiempo extra que estaríamos en Liberia.

El día antes de que teníamos planeado regresar a Bloléquin, Mark encendió la radio y escuchamos el programa de BBC *Focus on Africa* (Enfoque en África). Con el transcurso de los años se había vuelto una costumbre que escuchemos *Focus on Africa* cada día. De esta manera teníamos noticias de Liberia, que la mayoría del tiempo estaba en los titulares. Sin embargo, nos sorprendió que ese día la historia titular no fuera de Liberia, sino de Costa de Marfil. Y las noticias eran terribles. Soldados enfadados se estaban amotinando. Abidjan y otras ciudades grandes estaban sitiadas. Costa de Marfil estaba en estado de caos.

Estábamos sorprendidos, pero no deberíamos haberlo estado. La violencia no era novedad en Costa de Marfil, y tomando en cuenta nuestras experiencias antiguas, deberíamos haber supuesto que algo así pasaría. Desde nuestros primeros días de trabajo con los refugiados, las cosas ya estaban tensas. Incluso antes de que muera el presidente Félix Houphouët-Boigny a los ochenta y ocho, presidente que había estado en gobierno por mucho tiempo, la lucha por el poder había comenzado. Las elecciones relativamente pasivas que siguieron su muerte ocultaron por un tiempo las intenciones violentas.

Justo antes de la Navidad en 1999 había habido un golpe de estado. Un general del las fuerzas armadas de Costa de Marfil había tomado el poder, acusando al presidente de mal manejo de las finanzas y de tener un gobierno corrupto. La ciudad de Abidjan estaba volviéndose loca, en parte porque miles de prisioneros fueron liberados. Mark, que estaba visitando la ciudad por negocios, se estaba yendo justo cuando tropas de soldados corrían por la ciudad, disparando al cielo y apoderándose de vehículos.

Por Fin de Vuelta

Ya que el presidente electo no era popular para nada, cuando el general se declaró jefe de estado, la gente lo aceptó. Además, claramente había establecido que su primer objetivo era tener una elección presidencial gratis y justa. Sin embargo, después de disfrutar de los elogios y los muchos beneficios económicos de ser presidente, él cambió de opinión. Cuando llegó el Día de Elecciones, y fue claro que la gente había escogido a alguien más como presidente, el general se negó a aceptarlo y se declaró como el vencedor.

La gente no estaba ni sorprendida ni engañada. Más de diez mil marfileños protestaron en las calles. Los gendarmes y la policía no hicieron nada para parar las protestas y las fuerzas armadas quedaron completamente abrumadas. Las marchas continuaron por todas partes de Costa de Marfil hasta que el general destronado desapareció dentro del interior del país, y el nuevo presidente electo tomó el poder.

Pero lamentablemente los problemas no habían terminado. Cuando el candidato de otro partido reunió a sus seguidores para que protesten contra los resultados de las elecciones y para que demanden nuevas elecciones, miles de sus seguidores se pusieron a marchar en las calles y cientos de personas fueron heridas y matadas. Con el tiempo se restauró el orden, pero el problema principal todavía no estaba resuelto.

Aunque las elecciones democráticas producían presidentes, no podían obligar a los líderes de las oposiciones a aceptarlos, entonces Costa de Marfil parecía siempre estar al borde de otro alzamiento. Es más, hace unos cuantos meses atrás habíamos tenido que pasar al lado de una gigante, y potencialmente violenta multitud de activistas políticos, al llevar a mi hermana al aeropuerto. "Sonrían y hagan de cuenta que están de acuerdo con ellos", Mark nos aconsejó mientras la gente se acercaba a nuestro auto y lo golpeaba. Les dimos nuestras mejores sonrisas, pusimos los pulgares hacia arriba y les saludamos. Karen nunca había estado tan feliz de ver un aeropuerto.

Cualquier rasgo de tranquilidad que antes había se perdió el 19 de septiembre del 2002 cuando los soldados se amotinaron y trataron de apoderarse del gobierno. No habían pasado muchas horas cuando ya todo el país estaba en estado de sitio. Mark llamó a Costa de Marfil desde la casa de huéspedes, desesperado de saber alguna notica. Nos informaron que nuestros amigos misioneros en Bouaké estaban atrapados en su hogar ya que balas volaban por encima de su techo. En el internado misionero que se encontraba cerca de allí, cientos de niños también estaban atrapados por los conflictos.

Los refugiados liberianos con los quienes habíamos trabajado por trece años, estaban atrapados entre una piedra y un lugar duro. Era aparente que Costa de Marfil podía desintegrarse dentro de su propia larga e inacabable guerra civil. ¿Debían quedarse en Costa de Marfil con este futuro tan inseguro? ¿Era hora de regresar a Liberia? La respuesta no era obvia para nada.

Mark y yo charlamos, llenos de sorpresa, sobre lo que se estaba volviendo sumamente claro. Después de pasar años diciéndoles a las iglesias que nos apoyaban económicamente, a nuestros amigos liberianos y a nuestros compañeros de trabajo misioneros, que algún día volveríamos a vivir y trabajar en Liberia de nuevo, ahora estábamos en Liberia y se nos estaba dando la oportunidad de hacer justamente eso.

Mientras se cerraba la puerta en Costa de Marfil, Dios abrió una ventana dentro de Liberia. Y era imposible no ver la mano de Dios en como todo se llevó a cabo. Casi trece años después de que los primeros disparos de la guerra civil en Liberia fueron disparados, en lo que habíamos pensado sería sólo un corto viaje a Liberia, Dios no sólo nos había protegido del trauma de una evacuación, pero Él nos había traído de vuelta a casa.

Capítulo 18: La Trampa Se Cierra

"El tiempo ha llegado para que se pregunten a sí mismos, '¿Qué estoy haciendo aquí?'" dijo seriamente el embajador de los Estados Unidos en Liberia. Él no estaba tratando de ser dramático, simplemente estaba tratando de motivar a las personas. Increíblemente, después de trece años en exilio, estábamos viviendo en Liberia de nuevo. Lo que no era tan increíble era que nos estaban pidiendo que nos vayamos.

Era febrero del 2003 y estábamos sentados en el patio hermoso con vista al mar del embajador, junto con cien otros americanos y nacionales extranjeros. Escuchábamos mientras él objetivamente nos explicaba las tristezas de la vida. Liberia se estaba destruyendo rápidamente, y esta vez, debido a la segunda Guerra del Golfo, no iban a haber barcos de los Estados Unidos con navales llegando a rescatar a las personas. La gente no iba a poder dormir en el recinto de la embajada. No iban a haber evacuaciones por helicóptero. Sólo vete. Sal de aquí mientras puedas.

A pesar de la charla franca, llena de realidades horribles que nos dio el Embajador, no podíamos evitar estar felices de estar de vuelta en Liberia. Estaba con nosotros también Kim Marks, una voluntaria misionera a corto plazo, que había venido con nosotros desde Costa de Marfil y que nunca pensó que este viaje a Liberia se convertiría en una aventura. Por los bordes de Monrovia, alquilamos una casa de tres dormitorios, la cual tratamos de amoblar con lo que podíamos prestarnos o comprar por un precio barato en el mercado. Parecía que estábamos acampando.

Cuando fuimos a la ciudad, una multitud de gente en miseria nos rodeaba, tratando de obtener nuestra atención. "¡Mi amigo! ¡Mi amigo! ¿Dónde está mi Navidad?" "¿Dónde está mi sábado?" "¡Mi fin de semana en tú-o!" Los mendigos, incluso algunos que no tenían todas sus extremidades, cojeaban hacia nosotros, pasando por encima de los grandes huecos en las calles para llegar a nosotros.

Monrovia, que nunca había sido gloriosa, se redujo a varios tonos de gris. Los edificios grises de cemento se derrumbaron. Postes grises de luz se caían, debilitados por los miles de disparos. Los niños, grises por la tierra, jugaban con pedazos de basura. Gris. Gris. Gris. Toda la ciudad estaba gris. O por lo menos así parecía.

Las personas que habían sido desplazadas de sus hogares en el campo se metían a las casa abandonadas por aquellas personas que habían huido a otros países. Familias grandes vivían juntas en edificios destruidos que tenían muchos pisos en el centro de la ciudad. Las paredes, si es que las tenían, eran de cartón o de algún material para techar. No era inusual que algún bebé se caiga y muera.

Vehículos destartalados, rebalsando con pasajeros, iban por las calles donde los ex combatientes sucios y con los ojos vacios caminaban sin preocupaciones, gritando tonterías. Los policías paraban a los autos, algunas veces por ofensas reales y otras veces simplemente por ofensas inventadas. Los puntos de inspección de las fuerzas armadas hicieron que la circulación de vehículos sea más lenta, con la excepción de los camiones de los soldados del gobierno quienes, camuflados con arbustos llenos de hojas, pasaban a mil por hora por la ciudad.

La vida nocturna básicamente no existía. Sin alumbrado público, ya que el sistema de electricidad se había perdido, las noches eran negras y peligrosas. Los hombres que salían de noche se arriesgaban a la gran posibilidad de que los metan a las fuerzas armadas de Liberia.

Era claro que el poder de Taylor se estaba desvaneciendo. La gente lo resentía y lo temía. Mientras los ciudadanos vivían en gran pobreza, estúpidamente Taylor no hacía nada para ocultar el hecho de que él tenía gran riqueza. Las tarjetas que se necesitaban para los teléfonos costaban 65 dólares. Más de la

La Trampa Se Cierra

mitad de ese dinero iba a Taylor, no a su gobierno, pero personalmente a Taylor. Camiones llenos de troncos gigantes de caoba, que valían miles y miles de dólares, iban por las vías de tierra hacia el interior del país donde estaban los puertos de Liberia. Todas las ganancias iban a Taylor. Increíblemente, aunque ganaba tanto, Taylor ni siquiera se tomaba la molestia de pagar a sus militares. Obviamente él sentía que su lealtad estaba garantizada.

Los cuentos sobre el exceso de dinero que tenía Taylor eran susurrados detrás muchas puertas cerradas. Las prostitutas de Taylor recibían autos y grandes cantidades de dinero—los rumores decían que la más favorita recibía $25,000 dólares americanos—de regalos de gratitud. Se esperaba que los ciudadanos, golpeados por la pobreza, se sientan felices que su líder esté sexualmente satisfecho.

El nepotismo que tanto había odiado Taylor estaba siendo repetido en su propio gobierno, a veces alcanzando niveles que eran realmente chistosos. Por ejemplo, era ilegal importar helado. ¿Por qué? Porque la hermana de Taylor estaba haciendo y vendiendo helado y el prohibir la importación de helado obligaba a todos a comprar sus helados. Un día muy memorable, nuestro amigo comerciante libanés nos entregó medio galón de helado, envuelto cuidadosamente con una bolsa oscura, para que nosotros también podamos probar un poco del contrabando.

Los rumores que corrían en las calles decían que Taylor estaba completamente paranoico. Él tenía tanto miedo de ser envenenado como el ex presidente de Nigeria, que se negaba a comer fruta fresca. Tenía tanto miedo de que alguno de sus millones de enemigos lo dispare, que rara vez salía en público.

En el interior de Liberia, grandes terrenos abandonados rebalsaban con grupos rebeldes que odiaban a Taylor y que codiciaban su acceso a la riqueza. Montoneras de personas huían el caos que había sido creado por estos grupos que se especializaban en robos, violaciones y asesinatos. Se unieron a la muchedumbre en Monrovia, metiéndose a las ya-llenas chozas o uniéndose a los ocupantes ilegales que estaban bien acomodados en uno de los cientos de edificios abandonados.

Durante el mismo tiempo que Taylor estaba creando escándalo en Liberia, aparentemente había estado haciendo lo mismo en algunos de los países vecinos de Liberia. Irónicamente, en vez de que sea Liberia, fue el Tribunal Especial de Sierra Leona que acusó a Taylor de crímenes contra la humanidad en el 2003. Ellos decían que Taylor había entrenado y equipado con armas a los rebeldes de Sierra Leona. Estos guerreros brutales hicieron estragos a su país, cortándoles las cabezas a bebes y cortando las manos de otros ciudadanos, diciendo que todos deberían "echar una mano" a la guerra, para atormentarlos lo suficiente como para que huyan de su tierra llena de diamantes. Además de Sierra Leona, Taylor también fue acusado de desestabilizar a Guinea y a Costa de Marfil. Diamantes de sangre. Madera de sangre. Parecía que todo era de sangre.

"Un hombre blanco de la Escuela Bíblica está diciendo que Liberia no estará en paz hasta que Taylor se vaya", los detractores que odiaban a nuestra misión le reportó al Ministerio de Justicia del gobierno de Taylor. Obviamente no era verdad. Nadie era lo suficientemente estúpido como para decir algo así en un ambiente público. Nadie se atrevía. Pero en un país donde la verdad realmente no tenía mucha importancia, la acusación era muy seria.

Ya que había tantos rumores de que una guerra comenzaría, nuestros amigos liberianos nos insistían que nos vayamos ahora que teníamos la oportunidad de hacerlo. Nosotros sabíamos que la poca paz que había en Monrovia podía desaparecer rápidamente. Es más, muchas veces habíamos ido a la ciudad para comparar cosas, pero llegamos a encontrar las tiendas cerradas y trancadas. Los dueños de las tiendas no podían arriesgarse a perder más materiales y provisiones si es que volverían a llegar los saqueadores de nuevo, entonces cuando escuchaban los disparos, cerraban sus tiendas rápidamente.

La Trampa Se Cierra

Un Campamento DI (Desplazados Internos) en Liberia

De todas maneras ya era abril del 2003 y era hora para nuestra visita a los Estados Unidos. Nuestros corazones sentían pena por aquellas personas que, a diferencia de nosotros, no podían escaparse de la confusión y conflicto. La gente atrapada consistía no sólo en los diez mil liberianos sin hogar que estaban en plena fuga de los más recientes ataques a los campamentos de desplazamiento, pero también en los refugiados de las guerras de Costa de Marfil y Sierra Leona. A diferencia de nosotros, ellos no tenían el dinero como para poder subirse a un avión y salir. A diferencia de nosotros, ellos no tenían amigos y familia en los Estados Unidos que los recibiría. A diferencia de nosotros, estaban completamente atrapados.

Capítulo 19: Las Actualizaciones

Habían pasado sólo unas cuantas semanas desde que nos fuimos de África cuando las fuerzas armadas de Taylor ya estaban peleando contra dos diferentes grupos de rebeldes en las afueras de Monrovia. Las peleas empeoraron y poco después de eso, la mentalidad de "sálvese quien pueda" que había llenado al interior del país estaba siendo repetida nuevamente en la asediada y repleta capital de Liberia.

Los rebeldes querían que Taylor se vaya. Ellos querían quedarse con la goma, los diamantes, el oro y los minerales de hierro. Destruir a Taylor y a su gobierno era la mejor manera de asegurarse que eso pasara. Morteros y cohetes caían como lluvia del cielo. Casquillos de bala cubrían las calles.

La gente se fue de sus hogares y buscó refugio en cualquier otro sitio, esperando que ya que eran muchos, estarían seguros. El Estadio de Deportes Samuel K. Doe rebalsaba con sesenta mil personas. Ya que ahora no podían estar completamente sanos y salvos, y ya que no había mucha comida, ellos preferían tomar refugio en las graderías del estadio, que estar en sus propias casas. Algunas otras personas escaparon a colegios o a iglesias, algunos yéndose sin provisión alguna. Los más desesperados dormían en las calles. Seguir vivo se convirtió en la meta de cada persona.

Los liberianos, escandalizados de encontrarse nuevamente en otra ronda de esta guerra sin sentido y frustrados por la falta de mantenimiento de paz internacional, amontonaron siete cadáveres en frente de una ventana a prueba de balas en la entrada del recinto de la embajada de los Estados Unidos. Exigieron que los periodistas filmen a los cuerpos. El mundo tenía que ver lo que estaba pasando. Al mundo le tenía que interesar lo que estaba pasando.

Desde que comenzó todo, los liberianos nunca pudieron entender porque los Estados Unidos no paraba la guerra. Ellos se consideraban irrevocablemente ligados a los Estados Unidos debido al hecho de que su país había sido fundado por esclavos liberados. Ellos estaban seguros que si el presidente de los Estados Unidos decía lo correcto, las cosas empezarían a cambiar y a mejorar. Es más, incluso Taylor confirmaba esta idea. Él dijo a la Prensa Asociada, "Si un naval de los Estados Unidos se pararía en la Calle Broad y tocaría un silbato, diciendo, 'Tiempo fuera', entonces habría paz". Durante la misma entrevista dijo, "Cuando lleguen, Bingo...yo me iría en un segundo".[6]

Hasta que finalmente, los Estados Unidos se involucró. El Presidente George W. Bush llamó a Taylor por teléfono y le dijo que tenía que irse de Liberia. El 10 de agosto del 2003, el Presidente Charles Taylor apareció en televisión nacional, anunciando que estaba renunciando y dándole la presidencia a su vicepresidente. Y eso fue lo que hizo—pero no sin antes quejarse amargamente que el hecho de que se estaba yendo de Liberia iba a afectar al país.

---

[6] La entrevista original en inglés fue sacada de http://ww2.aegis.org/news/lt/2003/lt030703.html (Accedida el 14 de enero del 2010).

Las Actualizaciones

Al día siguiente, con dos mil trescientos Navales de los Estados Unidos observando cerca de la costa en tres barcos navales, Taylor se fue de Liberia a Nigeria, donde estaba en exilio. Después de que se fue, los Navales volaron en helicópteros y Harrier jets hasta Monrovia, haciendo que muchos rebeldes huían al bosque. Los que no volaron fueron recibidos como héroes en la tierra. Tropas de África Occidental y de las Naciones Unidas llegaron un poco después y se esparcieron por toda Liberia, imponiendo una paz muy bienvenida en la gente traumada por los disparos y bombardeos. La población de Liberia estaba sumamente reducida ya que había 200,000 personas muertas y cantidades de personas que se habían ido a otros países. Pero ahora, después de catorce años, la guerra por fin, finalmente, había terminado.

Navales estadounidenses en Monrovia

La devastación en Liberia era un gran contraste a la paz y belleza del verano de Minnesota. Estábamos muy agradecidos con Dios por cómo el hizo que salieran las cosas, calculando precisamente nuestro viaje y Su provisión en nuestro departo, y claro, también estábamos felices de estar con la familia y con amigos.

Durante nuestros viajes a visitar a aquella gente que nos apoyaba económicamente y a aquellas personas que oraban por nosotros, la gente expresaba mucha gratitud por nuestra lealtad y nos trataba muy amablemente. "Yo nunca podría hacer lo que ustedes hacen", nos decían.

"No estás comprendiendo. *Nosotros* no podemos hacer lo que hacemos. Es Dios", les explicábamos. Ellos asentían al escuchar la clara verdad.

La mamá de Mark, una buena amiga y animadora, me llevó a una reunión de señoras en el área rural de Minnesota. "¡Eso fue cansador! ¡No es fácil contarles todo sobre tu vida a un montón de extraños!" dije al colapsar al asiento delantero del auto después de la reunión. Ella se rió. Mientras que la mamá de Mark era una persona muy reservada, que mantiene los ojos secos, a mí se me llenan los ojos de lágrimas al ver una buena propaganda de Hallmark. Y yo había terminado de emotivamente dar mi un poco vergonzoso y personal testimonio. Le expliqué a mi suegra algo que ahora era muy claro para mí; la manera que yo daba a Dios las gracias por Su asombroso y continuo trabajo en mi vida era a través de la transparencia con los demás. Tal vez ellos podrían aprender de las cosas que yo había rendido ante Dios. Es más, durante la misma reunión, una jovencita salió del cuarto llorando mientras yo les contaba sobre todas las cosas que Dios me había quitado. Ella estaba pasando por un tiempo de gran pérdida y se podía identificar con mi historia. Nunca se le había ocurrido que Dios Mismo había dejado que pase todo eso porque Él quería que ella crezca. Él reemplazaría todo lo que ella había perdido con algo mucho mejor. Con Él Mismo.

Era nuestra cuarta visita de un año a los Estados Unidos y ya habíamos establecido una ruta más o menos regular mientras visitábamos a las iglesias que nos apoyaban y a individuos por todas partes de los Estados Unidos. Esta vez, mientras viajábamos, me di cuenta que algo era diferente, pero al principio no sabía qué era exactamente. Cuando por fin me di cuenta.

¡Todos se habían actualizado! Cuando eran jóvenes y recién estaban comenzando con sus vidas, nuestros amigos y sus hijos

Las Actualizaciones

vivían en lindas, aunque a veces pequeños espacios. Cuando nos quedábamos a dormir, sus hijos tenían que irse a otros cuartos para hacer campo para mostros. Ahora mientras viajábamos, visitábamos casas gigantes y hermosas que habían reemplazado a las pequeñas y más funcionales de antes. Era realmente un placer estar en estas casas, ¿entonces cuál era mi problema? Finalmente, vi cuál era el problema; ese sentimiento molestoso que sentía era envidia.

¿Qué? ¡Yo no soy de las celosas!

¿O lo soy? Me acerqué a Mark, que estaba descansando en un dormitorio grande y hermoso, dentro de otra casa grande y hermosa. Le conté mis pensamientos confusos. Yo estaba contenta por mis amigos, pero al mismo tiempo estaba celosa. Ellos estaban viviendo en estas casas hermosas y nosotros íbamos a volver a otro desastre dilapidado. Pero no era eso lo que más me molestaba. De lo que tenía más celos era que la vida de mis amigos parecía ser mucho más fácil que la mía.

Continué hablando mientras Mark me escuchaba sin interrumpirme. Él sabía que era verdad que la guerra continua en Liberia y las realidades de la vida en África Occidental eran una carga muy pesada. Pero no era eso lo que me preocupaba. Yo estaba acostumbrada a la enfermedad, a las llagas y al calor, y yo sabía que si queríamos vivir en Liberia, no podíamos evadir los resultados muy reales y negativos de la guerra. Sin embargo, el problema que más me molestaba, que hacía que mi vida sea tan difícil, eran nuestros detractores. Sus acusaciones eran tan fortuitas e impredecibles que creaban una amenaza constante para mi serenidad. Mark no discutió contra lo que yo estaba diciendo, y sintiéndome mejor después de haber dicho lo que sentía, me fui del cuarto.

Una hora después, volví. Mark había estado pensando sobre nuestra situación y quería que hablemos. "El problema que existe con los líderes de las iglesias es mío, no tuyo", él me dijo, "y no espero que tú lleves mi carga. Sin embargo, yo necesito un lugar en donde me puedo escapar de todas las presiones. Necesito que creas un refugio para mí".

Mark reconocía que aunque Dios le había dado gracia para poder llevar su carga, yo tenía gracia sólo para las cargas que me correspondían. El no sobre-confiarme era una manera en la que él podía protegerme. Tomamos la decisión que a no ser que nuestros detractores logren botarnos de Liberia, algo que realmente trataban de hacer, y yo tenga que empacar, Mark no me contaría todo sobre aquello que tenía que ver con esos problemas.

Ahora, hablando sobre la construcción de un refugio—¡*eso* sí era algo que yo podía hacer! Es más, recientemente había estado pensando que si no fuera una misionera, yo quisiera abrir mi propio lugar de "Alojamiento y Desayuno". Me encantaba hacer que las cosas estén hermosas y se vean hogareñas, y ya que íbamos a vivir a más o menos una milla del océano, decidí que quería que nuestra casa se vea como una casita de campo al lado del mar. Prácticamente podía sentir la brisa soplando por las cortinas suaves.

Melodie, Nancy, Heidi, Mark,
John-Mark, Jared y Nathan—2003

Las Actualizaciones

Cuando regresamos de Minneapolis, después de nuestro viaje largo, comencé con mi proyecto de crear-un refugio. Revisé muchos colores hasta encontrar los colores exactos de pintura para los diferentes cuartos. Compré las telas que iba a necesitar para las cortinas. Me compré unos platos de verano que me encantaban. Compré una hermosa mesa blanca que hacía juego con ocho sillas de una tienda de segunda mano. Ya no me sentía celosa de mis amigas; yo no quería sus casas. Yo estaba creando nuestro propio refugio al lado del mar.

Capítulo 20: Cosas Tontas

Cuando nos fuimos de Minneapolis el 16 de junio del 2004, nuestra familia quedó reducida por dos personas; fuimos de ser siete a cinco. John-Mark se estaba preparando para su último año en la universidad, y Melodie para su segundo año. Los que viajaban con nosotros eran Nathan, que tenía diez y siete, Heidi de nueve, y Jared de ocho años.

Nos quedamos en Costa de Marfil por dos semanas, despidiéndonos de amigos y empacando nuestras cosas del hogar para que sean enviadas a Monrovia. Estábamos aliviados de que lo peor del conflicto ya había pasado y realmente esperábamos que los marfileños hayan aprendido una lección de sus vecinos, los liberianos, sobre cuán grande es el precio que uno debe pagar si busca beneficiarse a uno mismo a través de una guerra.

Un pequeño avión nos llevó desde Abidjan hasta Monrovia. No era sorpresa que las cosas en la ciudad estaban aun peor que cuando nos habíamos ido. Las cicatrices que habían dejado las últimas luchas y peleas se veían por todas partes. Los edificios estaban llenos de huecos por los disparos y la infraestructura estaba en peor condiciones que nunca antes. El agua de lluvia corría a través de las barriadas, que eran los hogares de decenas de miles de personas que se habían escapado de la inestabilidad abrumadora del interior del país. La gran mayoría de los tres millones de ciudadanos que quedaban en Liberia, ahora vivían en Monrovia—casi todos en gran pobreza.

Liberia ahora trabajaba con el personal de las Naciones Unidas. Su trabajo, algo que parecía sin esperanza hasta el punto de ser absurdo, era de crear paz que dure a través del uso de la fuerza. Su misión era multifacética, pero la necesidad más obvia para llegar a una paz duradera era de quitar las pistolas a las miles y miles de personas que habían participado en la guerra—algunas de ellas que seguro no estarían molestas si aquella continuaba un poco más.

Liberia había cambiado como un resultado de la guerra. La corrupción desenfrenada, el nepotismo, el tribalismo, la discriminación y la explotación que se veía en los gobernantes y líderes, y que tanto había ofendido a la gente, ahora se podía ver en casi todas las partes de la sociedad. El orgullo y el belicoso coraje que normalmente era reservado para alguien con por lo menos un poco de poder, ahora se encontraba en todas partes. Los jóvenes no respetaban a los mayores y muchos de los mayores eran tontos y actuaban como niños. Después de pasar años viendo a jefes militares usar el asesinato, el terror y las atrocidades para hacer lo que ellos querían—y muchas veces secretamente, o no tan secretamente admirándolos por su éxito—las fibras morales del país habían quedado patéticamente débiles.

La culpa se podía ver tan claramente como una nube gruesa y negra sobre la ciudad. Esta guerra nunca debería haber pasado. Cientos de misioneros habían trabajado en Liberia, algunos por décadas, trayendo el mensaje del poder de Cristo para cambiar vidas. Miles de decenas de liberianos decían que eran creyentes.

Al ver la apariencia cristiana que tenía Liberia—una misión, iglesia, ministerio en casi cada área de Monrovia—alguien que llegaría por primera vez supondría que casi todos deberían ser creyentes. Pero obviamente esta etiqueta de Cristianismo carecía del poder para producir cambios duraderos. Arrepentirse de un pecado implicaba admitir que lo has hecho—a pesar que normalmente eso sólo se lo hacía cuando y si te atrapaban—implicaba cambiar. Y la gente no temía a Dios lo suficiente como para cambiar o huir de cualquier pecado, aunque sea sumamente obvio. Su dios no era santo, y todo, absolutamente todo, era negociable. Segundo Timoteo 3:5 parecía explicarlo claramente, "Que tengan apariencia de piedad, pero negarán la eficacia de ella".

Pero nosotros sabíamos que ni siquiera una horrible guerra civil iba a causar que Dios negocie Sus principios honrados. La

Cosas Tontas

realidad de la guerra simplemente probaba que lo que decía en la Biblia en Isaias 64:6 sobre todos, era la verdad sobre los liberianos. "Si bien todos nosotros somos como suciedad, y todas nuestras justicias como trapo de inmundicia; y caímos todos nosotros como la hoja, y nuestras maldades nos llevaron como viento".

Aunque la condición espiritual en la que se encontraba Liberia era horrible, y aunque era imposible para que las Naciones Unidas resuelvan el problema con tropas, pistolas y tanques, sabíamos que todavía existía esperanza. Sí, era verdad que esta gente estaba completamente alejada de Dios por su pecado. Pero también era verdad que, según Segundo Corintios 5:18, era para traer reconciliación que Jesús había venido. "Y todo esto proviene de Dios, quien nos reconcilió consigo mismo por Cristo, y nos dio el ministerio de la reconciliación".

Durante el tiempo que construíamos nuestro hogar en Monrovia, hubieron muchos cambios para mí. La mayoría eran buenos. Después de haber pasado años trabajando con los refugiados, la mayoría del tiempo viviendo en lugares remotos, realmente disfruté vivir en una ciudad grande. Aunque era difícil acostumbrarse a la bulla, a la confusión y a las incertidumbres de vivir en la capital justo después de la guerra, definitivamente existían ventajas. Una de ellas era el acceso fácil a los súper mercados—¡algo que, hablando por experiencia propia, nunca hay que tomar por sentado!

También estaba disfrutando de un sentimiento de gran logro. No sólo habíamos sobrevivido al trabajo con los refugiados, pero además habíamos aprendido a crecer abundantemente. También habíamos perseverado durante los ataques de nuestros detractores y, felizmente, se habían oficialmente separado de nosotros y nos dejaron en paz. Después de pasar años tratando de apaciguar a gente que nunca estaba satisfecha con nosotros, ahora estábamos trabajando con los liberianos que realmente nos querían personalmente y que apreciaban el trabajo pasado y presente de Baptist Mid-Missions en Liberia. Éramos un grupo más pequeño, pero más feliz. Ahora que la guerra realmente había terminado y que nuestros detractores se habían ido, parecía que después de más de catorce años de vivir en un túnel largo y a veces oscuro de incertidumbre, habíamos salido hacia la luz brillante del sol.

Unas cuantas veces al año viajábamos al interior del país para participar en conferencias Bíblicas y seminarios de liderazgo. Llenos de un entusiasmo que puede ser comparado a la semana de familia en un campamento cristiano lleno de vida, esta gente realmente disfrutaba del compañerismo y la comida. Algo más importante era que había la oportunidad de crecer espiritualmente. Yo enseñaba a las mujeres y Mark a los hombres.

Durante una conferencia grande con nuestros amigos liberianos, a los cuales habíamos llegado a querer muchísimo, uno de los pastores que conocíamos muy bien, haciéndose la burla, presentó a Mark como su "primo", en vez de la presentación más tradicional de "padre". A diferencia del rol de padre, que convertía al misionero como el responsable por sus "hijos", esta nueva relación era una de camaradería. Trabajábamos lado a lado con nuestros "primos" para llevar el evangelio a aquellos que no conocían a Cristo. Y luego, trabajábamos juntos para entrenar a los nuevos creyentes para que sean como Jesús.

Los liberianos ahora tenían posiciones de liderazgo, que antes de la guerra, sólo habían tenido los misioneros. A través de las pruebas y persecuciones, Dios había dado una fuerza increíble a nuestro amigos que era realmente una alegría ver. Aunque no teníamos ningún deseo de ir hacia atrás y volver a revivir la dependencia, igual podíamos ver que nuestro rol como misioneros era muy importante. Después de haber trabajado con ellos por mucho tiempo, muchos de nuestros amigos liberianos ahora confiaban lo suficiente en nosotros como para ser completamente directos y honestos con nosotros. Casi a diario íbamos entendiendo más y más las costumbres culturales que habían creado a ese falso evangelio, al cual muchos liberianos se habían aferrado—un evangelio que había hecho posible que una

Cosas Tontas

sangrienta guerra civil de catorce años pase en una nación donde la mayoría de la gente decía que era cristiana. Éramos exclusivamente calificados para dejar de dar vueltas y enseñar las cosas directamente como deben ser enseñadas.

No era sorprendente que ya que el conflicto había durado catorce años, Mark y yo éramos los únicos que quedábamos de los treinta adultos que habían conformado en ese entonces nuestro equipo misionero. Éramos nosotros los que teníamos el privilegio de trabajar en esta cambiada y muchas veces abrumadora Liberia.

¿Por qué nos había escogido Dios? ¿Por qué no alguien más? ¡Quien sea!

Sospechábamos que sabíamos porque. Si Dios hubiera usado a Mark dentro del ministerio de un principio con la radio, la gente hubiera dicho, "¡Mark es tan talentoso! ¡Miren lo que él ha hecho! Pero ahora no. No con todo esto. Este ministerio era completamente aislado de todos los talentos y las dotaciones que Mark había tenido en un principio. Y aunque mi enfoque de ministerio no había cambiado tan drásticamente como el suyo, dentro de mi yo estaba completamente transformada. Ambos lo estábamos. A través de nuestras dificultades y pruebas, Dios nos había preparado para hacer un trabajo que nosotros y todos los demás sabían que sólo podía ser hecho a través de Su fuerza. Quizás Dios nos había escogido a nosotros porque Él sabía que si y cuando nos use, toda la gloria simplemente *tenía* que ser para Él.

Tuvimos el honor sospechoso de ser ejemplos vivientes de la verdad de 1 Corintios 1:27-29—"Sino que lo necio del mundo escogió Dios, para avergonzar a los sabios; y lo débil del mundo escogió Dios, para avergonzar a lo fuerte; y lo vil del mundo y lo menospreciado escogió Dios, y lo que no es, para deshacer lo que es, a fin de que nadie se jacte en su presencia".

Capítulo 21: Merri

Durante los tres meses que Melodie estaba en Liberia el verano del 2005, trabajó en un orfanato para cumplir con los requerimientos de una pasantía para graduarse de la universidad. Ella dirigía clases de Biblia y clubes para niños, donde habían gente desde niños muy pequeños hasta adolescentes, y enseñaba individualmente a un grupo de jovencitas los principios Bíblicos para el diario vivir.

Melodie enseñando en el orfanato

Una tarde Melodie se sentó a mi lado y con una expresión sumamente seria, me dijo con voz temblorosa, "Tengo algo muy importante sobre el cual hablarte". Despertó mi curiosidad.

"Hay una niñita en el orfanato que tiene una mirada en sus ojos como la de un animal antes de que muere. Si no la ayudamos, creo que morirá. ¿Estaría bien si la traigo aquí a la casa y se queda con nosotros por dos semanas para que podamos ver qué le pasa?"

Durante los años nuestros hijos habían rescatado a docenas de animales bebes que se encontraban en una variedad de diferentes condiciones de salud. Los ojos de aquellos que no sobrevivieron tenían un aspecto muy distintivo. Si esta niña tenía la misma mirada, entonces era realmente algo muy serio. "Le hablaré a Papá sobre esto", le dije.

Mark estaba de acuerdo con el plan, y unos días después los tres fuimos al orfanato para recoger a la pequeña niña. Ya que el orfanato era grande y Melodie trabajaba más con los niños más grandes, ella ni sabía el nombre de la niña que planeábamos llevar a nuestra casa. Sin embargo, cuando le explicamos a Jefferson, el director del orfanato, lo que teníamos en mente, inmediatamente se dio cuenta de quien hablábamos, y estaba muy agradecido por nuestro interés.

Mientras esperábamos que alguien la encuentre, Jefferson nos agradeció por nuestra disposición a ayudarla y nos explicó lo poco que sabía sobre ella. Hace un año que la pequeña había sido encontrada abandonada en las calles y en una condición deplorable. Después de haberse quedado por poco tiempo en las oficinas de los policías, ella fue llevada al orfanato. Ya que era muda, ni los policías ni nadie más sabía su nombre, edad o de donde había venido. El director le dio el nombre de Mary. Era el nombre genérico que se daba a niñas sin nombre. Su apodo era una palabra de la tribu que significaba amargura. Nunca nadie la había visto sonreír.

Merri

Cuando vi a Mary, mi corazón se partió. Parecía del tamaño de una niña de tres años. Sus ojos, uno de los cuales rodaba flojamente hacia un lado, estaban hinchados y glaseados. Baba corría desde su boca hacia su quijada hasta llegar a la vieja polera y shorts de bebé que usaba. La piel llena de manchas, el cabello escaso, los dientes gastados de adulto y las cejas extremadamente fruncidas le daban un aspecto raro y de alguien mayor.

Jefferson estaba de acuerdo con que Mary se vaya con nosotros. Ella no peleó cuando Melodie la alzó y la puso en nuestra camioneta. Tampoco parecía preocuparse del hecho de que se estaba yendo del orfanato y que nos la estábamos llevando.

Ya que Mary estaba muy débil como para subir las gradas, Melodie la llevó cargada hasta nuestro apartamento en el segundo piso. Cuando entraron a la sala de estar, todos estaban en completo silencio—el tipo de silencio que es natural cuando la gente está ante la presencia de dolor verdadero. Realmente esta niña parecía tener todo el peso del mundo entero sobre sus pequeños hombros delgados.

Llenamos un bañador de plástico con agua tibia, y mientras Mary se paraba en ella, lavamos sus piernas, brazos y su estómago hinchado. Al lavarla nos dimos cuenta que su piel, con aspecto gris, estaba cubierta de llagas.

Al día siguiente, Melodie llevó a Mary a una clínica local. El personal la pesó y la midió: veintitrés libras (10.4 kilogramos) y treinta y seis pulgadas (91 centímetros) de altura. Los exámenes que se hicieron con su sangre delgada y de aspecto débil revelaron una variedad de enfermedades que incluían a malaria crónica, anemia y una infección. También tenía sarnas por todo su cuerpo. Llagas terribles cubrían su garganta. Al regresar a la casa, Melodie le sacó un gusano de cuatro pulgadas (10 centímetros) de la boca y me lo entregó.

Comenzamos dándole sólo un poco de los medicamentos que le habían recetado, pero peleó contra ellos con toda la fuerza que tenía. Al principio tratamos de persuadirla para que coopere, pero después de fracasar haciendo eso, terminamos forzándola a que tome la medicina, metiéndola en su boca hasta que baje por su garganta. Varias veces durante el día repetíamos el mismo proceso. Al terminar de darle los medicamentos, Melodie y yo acabábamos cansadas y sudando. Mary no entendía para nada que se le daba el medicamento por su propio bien, y llegamos a tener mucha compasión para los trabajadores del orfanato. Ya que tenían a más de cien niños a los quienes cuidar en el orfanato, y sólo tenían unos cuantos adultos que los cuidaban, el pelear con Mary para darle su medicinas necesarias no les parecía un prioridad.

Mary era muy débil como para poder hacer muchas cosas, pero algo que sí podía hacer muy bien era comer. ¡Y sí que podía comer! Entusiasmadamente comió el cereal de bebé que compramos y aun con más entusiasmo comió el arroz. Comió arroz, arroz y más arroz. Tres veces al día comía un plato lleno de arroz cubierto con la "sopa" liberiana. Comenzó a aumentar de peso, algo que realmente necesitaba.

Pero incluso más que desear comida, Mary deseaba y estaba "hambrienta" de cariño. Cada noche cuando Mary ya tenía sueño, me sentaba en el sofá con ella. Poniendo mi cachete contra su cachete huesudo, me acercaba hacia ella y la abrazaba fuertemente. Ella se acercaba lo más que podía hacia mí. Después de unos diez segundos se hacía a un lado lo suficiente como para mirarme a los ojos. Yo le miraba directamente a los ojos a propósito, emitiendo compasión. Yo quería que ella sepa que me importaba su sufrimiento. Luego apretaba su cara contra mi otro cachete por unos diez segundos. Después, de nuevo me miraba a los ojos. Esto lo hacía por más o menos una hora hasta que ella quedaba dormida. Mary parecía desesperada de saber que se la estaba mirando, se la estaba viendo. ¿Cuánto tiempo habrá sido invisible esta niña, sola en su propio mundo? me preguntaba.

¿Y acaso la deberíamos llamar Mary, el nombre que le daban a los sin nombre? De alguna manera la hacía ver más patética. Tal vez podíamos seguir llamándola Mary, pero escribirlo de otra

Merri

manera: M-E-R-R-I, confiando en que Dios haría que su corazón este alegre algún día.[7] Eso sí que requería de mucha fe. Ahorita yo ni si quiera podía imaginarme su rostro con una sonrisa. Sus ojos tenían la tristeza de alguien que había visto mucho de lo que los niños pequeños no deberían ver, alguien que había escuchado mucho de lo que los niños pequeños no deberían escuchar y alguien que sabía muchas cosas sobre la vida, que nadie debería saber.

Entonces comenzamos a verla como Merri y no Mary. Para nosotros eso valía mucho; nos daba esperanza. Mientras la vestía, miraba a sus ojos, ansiando ver algo más que esa mirada muerta y triste. Mientras la agarraba en las noches mientras se dormía, buscaba aunque sea una pizca de alegría. Sus cejas fruncidas parecían estar permanentemente cubiertas con tristeza—ella seguramente ni se acordaba como era sentir esperanza.

Unos cuantos días después de que llegó a nuestra casa, Merri puso una papa frita en kétchup, tomó un mordisco, y—milagrosamente—nos dio una pequeña sonrisa. Unos días después de eso, nuestra mascota, la mangosta, le dio un pellizco en la boca y cuando todos se rieron, Merri se rió un poco. Y luego, por fin, algo le pareció chistoso y nos dio una sonrisa que llegó hasta sus ojos. Yo me sentí como si alguien me hubiera obsequiado la luna. Me di cuenta que inesperadamente y de repente, me había enamorado de ella.

"Tal vez deberíamos adoptarla", le dije a Mark, sintiéndome desesperada de asegurar que ella esté a salvo y bien cuidada. Él me dijo que si adoptábamos a Merri, sus necesidades especiales nos mantendrían lejos de nuestro trabajo de misiones en Liberia. Aunque yo podía ver que su punto era válido, también podía ver que no resolvía el problema.

Luego, durante una cena "potluck" (todos llevan algo de comida para compartir con el resto) conocí a la persona perfecta para sacarme de mi dilema, algo obviamente planeado por Dios.

---

[7] N.T. La palabra "merry" en inglés significa alegre.

Mientras Merri iba paseando de falda en falda, de plato en plato, gozando de toda la atención, mi nueva amiga y yo charlábamos—al principio sobre Merri, y luego sobre nuestras vidas, intereses y ministerios. Mientras charlábamos y nos conocíamos más, me di cuenta que Dios Mismo había orquestado nuestra reunión. Esta mujer era la directora de una agencia internacional de adopción, y lo más asombroso era que esta agencia se especializaba en adopciones para niños con necesidades especiales. Más hablábamos, y más mi corazón se llenaba con esperanza. Si no hubiera estado pasando, yo hubiera pensado que era algo muy bueno como para ser verdad. Finalmente, sin poder aguantar por un segundo más el suspenso, sin vergüenza le rogué, "¿Crees que puedes encontrar un hogar para Merri?"

Mi nueva amiga me dijo que ella creía que podía hacer justamente eso. Después me pidió que anote información básica sobre Merri en un papel. Saqué un pedazo de papel de mi cartera y alisté mi lapicero. ¿Qué debería escribir? Yo no sabía el nombre de esta pequeñita. Nadie lo sabía. Entonces, ya que no cambiaba nada, escribí su nombre de nuestra nueva manera, "M-e-r-r-i"—una abreviación del nombre más largo y más oficial que me inventé en ese instante. Alegría Milagrosa.

Entonces, la aventura continuó, pero ahora con una verdadera esperanza que el futuro de Merri estaría asegurado. El poder ver con nuestros propios ojos como cambiaba esta niña era realmente fascinante y completamente diferente a cualquier cosa que nuestra familia había hecho antes. Todos estaban involucrados, haciendo todo por Merri y sus necesidades.

Cada día veíamos nuevas señales de que estaba creciendo física y emocionalmente. Lo más notable era su actitud hacia la comida. Un día, después de haber pasado dos semanas comiendo como un hombre hambriento, Merri puso a un lado un plato medio lleno de arroz y sopa. Ella estaba llena y no quería más. Ella parecía entender que siempre iba a haber comida para ella cuando la necesite, entonces no tenía que preocuparse o comer de más. La frente de Merri, perpetuamente fruncida, por fin comenzó a relajarse.

Volvimos a visitar el orfanato—esta vez para pedir permiso para que Merri se quede con nosotros por tiempo indefinido. Merri estaba sonriente y llena de confianza mientras recibía la bienvenida de parte de los trabajadores y de los niños. Había aumentado nueve libras de peso, las sarnas de su piel estaban desapareciendo y tenía más fuerza; el cambio en ella era realmente obvio.

Lo interesante era que Merri no parecía estar ni un poco asustada de que la dejemos en el orfanato. Obviamente se consideraba como una miembro original de la familia Sheppard. ¿Y por qué no debía pensar que lo era? Nosotros definitivamente la tratábamos como a un miembro de la familia. Durante el día la tocábamos y la agarrábamos. Le dábamos besos y le enseñábamos a que nos de besos. ¡No era fácil! A pesar de que le recordábamos muchas veces—"¡Merri! ¡Cierra tu boca cuando das besos!"—ella se acercaba a nosotros con su boca bien abierta y con saliva goteando de su quijada. Sonreíamos felizmente al limpiarnos la saliva de las caras. Y al relajarse dentro del amor que le ofrecíamos, Merri cambió de ser una niña miedosa y retraída, en una llena de confianza y en una receptora de amor.

Algo que no esperábamos era que nuestro cuidado de Merri nos eleve en los ojos de los liberianos. Al principio eran días, después semanas y finalmente meses que Merri estaba viviendo con nosotros como otro miembro de la familia, y la gente se dio cuenta de esto. Cuando gente nos visitaba, boqueaban visiblemente cuando veían que Merri se nos acercaba para darnos un beso, y quedaban completamente sorprendidos que le dejábamos babear sobre nosotros. Cuando Merri se enojaba o se frustraba y gritaba, nuestros invitados podían ver que no era un trabajo fácil el que teníamos, y ellos se preguntaban por qué si quiera nos molestábamos. La gente se dio cuenta que era el amor que nos motivaba porque realmente era la única explicación que tenía sentido.

Me acuerdo que hace unos cuantos años yo le había rogado a Dios que me enseñe cómo amar. Dios había respondido mi oración desesperada y ahora había usado a esta pequeña para mostrarme cuan radicalmente yo había cambiado. Esta niña había sido sólo una extraña para mí hace unos meses atrás, y hablando humanamente, no tenía nada que ofrecerme. Es más, requería de mucho trabajo, y, ya que era muda, ni siquiera podía decir la palabra, "Gracias". Pero yo realmente la quería. Cuando ella se entraba a nuestra cama conmigo tempranito en las mañanas y me daba su beso baboso de buenos días, llena de asombro yo lloraba, "¿Quién soy yo? ¿En quién me he convertido?"—sabiendo perfectamente que esta persona no era yo; era Dios en mí.

Mark y Merri

Ocho meses después de que Melodie subió las gradas con Merri hacia nuestro apartamento, ella bajó esas mismas gradas sola y por la última vez. Era difícil acordarse de la débil, reservada niña que había llegado ese día. Aunque todavía babeaba y no podía hablar, Merri corría y jugaba. Tenía una sonrisa gigante que nos mostraba cada día. Merri había crecido seis pulgadas y pesaba diez y nueve onzas más de lo que había pesado cuando llegó a nuestra casa. Su piel hermosa, suave y radiante y su cabello grueso y negro cubrían perfectamente su sano interior.

Merri estaba en camino a Norte América y a su nueva familia adoptiva. Ellos la amaban, y no importaba si ella mejoraría mucho o poco, igual la amarían. Ella no viviría en las calles, no pasaría hambre y todas sus necesidades sus padres las llenarían. Ella estaría a salvo en sus brazos.

Durante los meses que Merri había estado con nosotros, Dios la había usado para enseñarme muchas cosas. Lo más notable es que me di cuenta que Dios es como esos padres adoptivos y yo soy como Merri. Espiritualmente yo era una niña pobre, que vivía en las calles sin esperanza, pero Dios me había invitado a vivir en Su casa. Él me había dado Su nombre y me había invitado a compartir una relación íntima con Él. Es más, de acuerdo a Efesios 1:3-6, Dios me había adoptado.

> Bendito sea el Dios y Padre de nuestro Señor Jesucristo, que nos bendijo con toda bendición espiritual en los lugares celestiales en Cristo, según nos escogió en él antes de la fundación del mundo, para que fuésemos santos y sin mancha delante de él, en amor habiéndonos predestinado para ser adoptados hijos suyos por medio de Jesucristo, según el puro afecto de su voluntad, para alabanza de la gloria de su gracia, con la cual nos hizo aceptos en el Amado.

Estas personas estaban "redimiendo" a Merri de las calles de Monrovia, dándole un nombre e invitándola a su maravilloso hogar no porque Merri tenía algo que les faltaba. No, era porque ellos eran buenos y habían escogido amarla. Y de manera similar, no era porque yo tenía algo que Dios necesitaba que Él me había adoptado, pero porque Él es tan bueno y Él había escogido amarme.

Unos cuantos meses después de que Merri había estado en su nuevo hogar, le hicieron un examen de densidad de hueso, resolviendo el misterio de su edad verdadera. Mary—que había pesado veintitrés libras y que había medido treinta y seis pulgadas cuando primero la llevamos a nuestra casa—había tenido once años. Al escuchar ese dato, entendí algo muy claramente. Sin importar que tuviera para nosotros el futuro, sin importar que otras oportunidades Dios nos diera, Merri siempre sería el mejor trabajo de mi familia—nuestro magnum opus.

Capítulo 22: Los Hechos de la Vida

"Los hombres me han estado diciendo que me asegure que les hables a sus esposas sobre la relaciones sexuales", Mark sonrió con suficiencia al salir de la casa. Recién había llegado de una reunión de planificación para la conferencia que se acercaba y, de nuevo, me estaban pidiendo que hable sobre lo que no se hablaba. De nuevo, yo sabía que tenía que aguantarme mi vergüenza y "ser la voz de los que lloran en el yermo".

Me encantaba enseñar a los entusiasmados grupos de mujeres. Debido al trabajo de Dios en mi vida, yo sabía que el poder venía a través de la obediencia. Él quería que ese mismo poder llegue a las vidas y hogares de mis amigas liberianas. Ninguna área quedaba excluida.

Sorprendentemente para ellas, la Biblia tenía mucho que decir sobre el tema del sexo. Pero muy pocos podían leer, y lo que yo no les enseñaba, era muy alta la posibilidad que nunca lo sepan. Para muchas de ellas, yo era su único recurso.

Y si eso no era lo suficiente difícil, la misma cultura conspiraba contra cada pensamiento Bíblico. Arriba era abajo y abajo era arriba. Existía orgullo hacia lo vergonzoso y raro, y vergüenza malentendida hacia lo que era correcto. Lo normal era que tú te enfermarías o morirías sin tener sexo. Era una necesidad. Es más, un eufemismo cultural para el sexo era "comer".

Ya que la inmoralidad sexual antes del matrimonio era algo establecido, no había un claro vínculo cultural entre actividad sexual y el matrimonio. Algo que era aun más confuso que la falta de un vínculo cultural entre el sexo y el matrimonio, era la falta de un vínculo cultural entre el matrimonio y el dar a luz. Muchos de los liberianos no estaban conscientes de que haya otra manera de pensar.

Las enfermedades sexualmente transmitidas estaban por todas partes, haciendo que la gente esté miserable. Los hombres que viajaban se escogían "esposas suplentes" en varios lugares, esparciendo su semilla y sus enfermedades alrededor de todo el país. La poligamia no era tanto problema como la anticuada inmoralidad sexual. El SIDA había llegado a Liberia, aunque más bien no en los porcentajes tan altos que había en los otros países africanos.

La mutilación genital femenina (MGF), la ablación del clítoris, era muy común. Yo nunca había escuchado de esto antes de llegar a Liberia, y como yo sabía que ninguna mujer jamás le haría eso a otra mujer, sea mayor o menor, inicialmente supuse que los hombres eran los que perpetuaban esta costumbre. Me imaginaba a mamás, agarrando a sus hijas pre-adolescentes, mientras los padres llegaban con miradas determinadas, listos para llevárselas y dejarles en las manos del carnicero.

Las cosas no eran así. Las mujeres coaccionaban lo que no estaban iniciado al poner a las jovencitas bajo presión, haciéndolas pensar sobre su futuro. "Los genitales no circuncidados no son atractivos". "Si te lo hacen, dar a luz va a ser más fácil". "Te va a convertir en una mujer". Lo que en el mundo occidental se consideraba mutilación para muchos de los liberianos era un paso necesario para ser integrado socialmente como adulto. Y lo increíble era que ellos no tenían la menor idea porque se practicaba la circuncisión femenina, igual como muchos de ellos no sabían porque se perforaban las orejas de un bebé. Aunque en general los hombres estaban de acuerdo con este rito de pasaje, en realidad eran las mujeres las que hacían la "circuncisión". Cuando llegaba el tiempo de hacerlo, dos o más mujeres separaban las rodillas de la niña y, usando una navaja que habían comprado en el mercado, otra mujer cortaba los genitales. Sí, el dolor era insoportable. La mayoría de mis amigas adultas, cuando eran jóvenes, habían ido al "arbusto del diablo", el nombre coloquial para la Sociedad de Sande. Esta asociación tradicional de mujeres introducía a las jóvenes a la adultez a través de instrucciones y la "circuncisión". Pero cuando yo charlaba sobre ese tema con mis amigas, ninguna de ellas parecía estar sumamente molesta ni por el dolor ni por la pérdida de las partes de su cuerpo. Para ellas era simplemente un hecho de la vida.

Es de suponer que esta tradición comenzó hace muchas generaciones atrás para mantener a las vírgenes desinteresadas en el sexo antes del matrimonio. Definitivamente no había funcionado. En esta cultura donde arriba es abajo y abajo es arriba, la virginidad era realmente rara y no era particularmente deseable para el matrimonio. Una virgen era un riesgo, pero una chica que ya tenía un hijo ya había demostrado su fertilidad.

Nancy con mujeres liberianas durante una conferencia

Y entonces, cuando llegó el tiempo para la conferencia, era con una gran determinación que yo me paré enfrente de más de cien señoras. Las preguntas sobre el sexo habían sido pospuestas hasta esta sesión. Mientras las mujeres se sentaban y se acomodaban en los "bancos" de la iglesia hechos de bambú, una emoción nerviosa llenaba el cuarto. Ellas sabían que la loca señora blanca no tenía miedo hablar de *nada*. Yo las asombraba.

Las Confesiones de un Corazón Transformado

"Vamos a comenzar con 1 Corintios 6:15-18. ¿Podría alguien leer esta parte de su Biblia de dialecto?" Las hojas crujían mientras las pocas mujeres que podían leer buscaban el pasaje bíblico.

"¿No sabéis que vuestros cuerpos son miembros de Cristo? ¿Quitaré, pues, los miembros de Cristo y los haré miembros de una ramera? De ningún modo. ¿O no sabéis que el que se une con una ramera, es un cuerpo con ella? Porque dice: Los dos serán una sola carne. Pero el que se une al Señor, un espíritu es con él. Huid de la fornicación. Cualquier otro pecado que el hombre cometa, está fuera del cuerpo; mas el que fornica, contra su propio cuerpo peca".

Yo traté de ayudarlas a poder aplicar lo que decía en Corintios. Dios decía que las relaciones sexuales inmorales no eran como los otros pecados; eran un pecado contra nuestro propio cuerpo. Dios no nos prohíbe el sexo fuera del matrimonio porque no quiere que nos divirtamos. No, Dios creó al sexo para que lo disfrutemos y también es posible que pueda realmente traerle gloria a Él cuando las relaciones son dentro del matrimonio. Lo opuesto también era verdad. Era realmente repugnante pensar sobre la aberración de la inmoralidad sexual. Si una de las parejas es un creyente, el acto pecaminoso incluye a Cristo Mismo.

Y los liberianos definitivamente no estaban *huyendo* de la fornicación. El pecado sexual se encontraba por todas partes. Los hombres "patrocinaban" la educación de chicas a cambio de relaciones sexuales. Los profesores negociaban buenas notas por sexo. Los conductores negociaban transporte por sexo. En Monrovia, las jovencitas caminaban por las calles vestidas con jeans pegadísimos a sus piernas y con mini faldas, sus estómagos descubiertos. Andaban en bares y en clubes nocturnos. Llamaban a posibles clientes desde las esquinas de las calles. Para obtener tres cosas—ropa, celulares y dinero—estas jóvenes se vendían. La ropa y los peinados detallados eran un gasto necesario de negocios para las familias que vivían con el dinero que "ganaban" sus hijas. Liberianos, al igual que los mantenedores de paz y hombres de negocios de diferentes nacionalidades eran sus clientes. Una situación menos obvia que las prostitutas de las calles, era la de las miles de jovencitas y mujeres que vivían lo que parecía una vida ordinaria domestica, pero que en realidad estaban intercambiando seguridad económica y física por relaciones sexuales. El sexo conducía a toda la cultura. Era mi trabajo dirigir las mentes de estas mujeres hacia la dirección correcta—la dirección de Dios.

"Vayan a Efesios 5 en sus Biblias. Leamos los versículos 25 al 29".

"Las casadas, estén sujetas a sus propios maridos, como al Señor; porque el marido es cabeza de la mujer, así como Cristo es cabeza de la iglesia, la cual es su cuerpo, y él su Salvador. Así que, como la iglesia está sujeta a Cristo, así también las casadas lo estén a sus maridos en todo. Maridos, amad a vuestras mujeres así como Cristo amó a la iglesia, y se entregó a sí mismo por ella, para santificarla, habiéndola purificado en el lavamiento del agua por la palabra. A fin de presentársela a sí mismo, una iglesia gloriosa, que no tuviese mancha ni arruga ni cosa semejante, sino que fuese santa y sin mancha. Así también los maridos deben amar a sus mujeres como a sus mismos cuerpos. El que ama a su mujer, a sí mismo se ama. Porque nadie aborreció jamás a su propia carne, sino que la sustenta y la cuida, como también Cristo a la iglesia".

Resumiendo los versículos lo más posible, les expliqué lo básico. Las mujeres tenían que ponerse bajo la autoridad de sus esposos. Ellas podían respetar su posición como esposo incluso aunque no piensen que él no merecía su respeto. Al hacer esto, mostraban su respeto por Dios.

Los hombres debían amar a sus esposas como se amaban a sí mismos. En otras palabras, era un pecado que un esposo sea egoísta en cuanto a la relación con su esposa. Pero incluso más asombroso que esta orden, los versículos les decían a los hombres que amen a sus esposas como Cristo amó a la Iglesia. ¡Cristo murió por la Iglesia! (Sí, Mark iba a hablar a los hombres sobre esto).

De la misma manera que una mujer nunca iba a poder someterse perfectamente a la autoridad de su esposo, un hombre nunca iba a poder amar perfectamente a su esposa. Sin embargo, cuando juntos, el esposo y la esposa obedecían a la verdad de las Escrituras, poniendo a un lado el miedo de que uno fuera a tener mayor ventaja, una posibilidad asombrosa de alegría despertaría en el hogar. Pero incluso si uno de los dos no tenía intención alguna de obedecer a estas órdenes, el o la otra podía todavía hacer lo que es correcto y recibir las bendiciones que vienen por seguir a la Palabra de Dios.

"Vayamos a Hebreos 13:4", dije para continuar con la clase.

"Honroso sea en todos el matrimonio, y el lecho sin mancilla; pero a los fornicadores y a los adúlteros los juzgará Dios".

"Dentro del matrimonio, todo lo que sucede entre un hombre y una mujer es bueno y favorece al Señor", dije. "El cuerpo de una esposa pertenece a su esposo y el suyo a ella. No debe haber vergüenza. Es mas, deberíamos tener vergüenza si nos aguantamos.

"Dios quiso que el sexo sea placentero para ambos, para el marido y para la mujer. La mutilación genital femenina destruye un poco de esta posibilidad, pero todavía puede ser bueno. No dejen que la vergüenza absurda les destruya el matrimonio. Animen a sus esposos estando emocionadas y diciéndoles que es placentero para ustedes".

"¿Y qué si me obliga a tener relaciones cuando estoy enferma?" una atractiva señora preguntó. Se podían escuchar sonidos de compasión alrededor del cuarto. Obviamente era una queja común.

"Si tú eres divertida y cooperas lo más posible, entonces él te va a creer cuando le dices que no tienes ganas cuando estas enferma. Si siempre te estás inventando excusas, entonces él no te va a creer cuando le estés diciendo la verdad".

Otra pregunta vino del grupo, "Mi amiga a estado casada por cinco años y no tiene un bebé todavía. ¿Puede ir ella 'afuera'?"

"No. Los hijos no son los que hacen un matrimonio y la falta de hijos tampoco termina un matrimonio. Nunca hay una buena excusa para el adulterio".

Los Hechos de la Vida

"¿Y si mi esposo no me da cosas a no ser que yo le amenace con no tener relaciones con él?" alguien preguntó, un sonrisa satisfecha de culpa en su cara.

Ahhh. Aquí estaba. El sexo—una herramienta de manipulación.

"¿Qué le dicen a una mujer que vende su cuerpo por dinero o provisiones?" pregunté.

"¿Una prostituta?" alguien respondió.

"¿Y a qué se parece una esposa si no le da su cuerpo a su esposo a no ser que se lo compre algo?"

"¿Una prostituta?" Las risas nerviosas continuaron. Risas culpables.

Les expliqué cómo la cultura liberiana entrenaba a las mujeres a pensar como prostitutas. Normalmente desde que eran jovencitas, las chicas se entregaban a hombres a cambio de seguridad económica—o al menos la esperanza de tener seguridad económica. Como un resultado de esto, cuando ya llegaban a una edad en donde consideraban el matrimonio, muchas mujeres ya habían tenido relaciones sexuales con muchas parejas.

¿Qué pasaba con las mujeres que se casaban después de haber vivido de esa manera? Antes del matrimonio, se entregaba para obtener algo. Después del matrimonio, no se entregaba por la misma razón. Si no le daban el traje lappa que quería para Año Nuevo, no se entregaba. Si no se la trataba con el respeto que ella sentía que merecía, no se entregaba. Si no vivía en el hogar cómodo con el que había soñado, no se entregaba. Si estaba amamantando a un bebé, no se entregaba. Un esposo viril, que buscaba satisfacción en los brazos de su esposa, era empujado a un lado. Tentaciones serias le confrontaban y su esposa sentía poca responsabilidad.

Pero pobre el hombre que tenía problemas de "acción". Después de pasar años teniendo un interés tibio en el sexo, no era posible que se espere que su esposa pueda vivir sin las relaciones.

"¿Si mi esposo no puede desempeñar, está bien si yo me consigo un hombre de afuera?" me preguntó una señora mayor. Sentí como se calentaba mi cara y me pregunté por la milesíma vez cómo había llegado a estar en esta situación no codiciada de tener que responder preguntas como esta. Sin embargo, me sentí agradecida que esta mujer por lo menos no me había dado todos los detalles de la imagen que pintaba su pregunta. No todas eran tan bondadosas.

"No, eso sería cometer adulterio. Dios te va a dar la gracia para ser fiel".

"¿Pero y que pasa si yo quiero más hijos? Yo soy joven y el es viejo".

"No, nunca está bien desobedecer a la Biblia".

Se notaba que algunas de las mujeres estaban obviamente incomodas. Me podía dar cuenta de que no tenían ninguna intención de cambiar su comportamiento sin importar lo que diga la Biblia. En vez de concentrarme en estas mujeres, miré fijamente a aquellas que, con sus ojos, me estaban animando a continuar. Estas eran aquellas que realmente deseaban darle gloria a Dios en los dormitorios, incluso aunque signifique poner a un lado hábitos culturales y maneras incorrectas de pensar. Estaban listas para la verdad.

Continuando con la clase dije, "No piensen de esto como algo que viene separado del resto de su vida cristiana. Lo que tú haces en el dormitorio tiene la misma cantidad de posibilidad de darle gloria a Dios como el participar en la comunión y cantar en el coro. El sexo es, en una manera muy real, un acto de servicio Cristiano. Tú debes servir a tu esposo y él debe servirte a ti.

"Lean algunos de los últimos versículos en lo que vimos en Efesios 5. Los versículos 31 y 32 dicen,

> "Por esto dejará el hombre a su padre y a su madre, y se unirá a su mujer, y los dos serán una sola carne. Grande es este misterio; mas yo digo esto respecto de Cristo y de la iglesia".

"Estas no son mis palabras. Son de la Biblia, nuestra fuente de verdad. De alguna manera le complació a Dios usar al sexo, el

Los Hechos de la Vida

juntar del esposo y la esposa, para representar una imagen de Cristo y Su amor por la Iglesia. Esta "iglesia" es un grupo universal que consiste de todos los creyentes desde el Pentecostés.

"Dios ve lo que se hace en secreto", les advertí. "Cuando manipulas, cuando no te entregas o cuando cometes adulterio, no es algo que se hace privadamente y que no le importa a nadie. Importa mucho. ¡Cuando no honras a Dios, *arruinas* la imagen!"

Más o menos la mitad del grupo de mujeres estaban de acuerdo conmigo, claramente aliviadas que yo les estaba diciendo la verdad. La otra mitad, mayormente de mujeres mayores, parecía un poco avergonzada, obviamente no entendiendo porque les estaba explicando estos versículos y porque quería que entiendan.

Pero yo sabía que estos versículo y esta parte en Efesios era muy, muy importante. Dios Mismo había escogido que la unión de un hombre y su esposa dentro de la promesa del matrimonio represente como símbolo físico a Cristo y a la Iglesia. Era la imagen terrestre del amor de Cristo por mí. Era imposiblemente raro, pero maravilloso. Era, como el Apóstol Pablo dijo, "un misterio".

Capítulo 23: Tomando la Gracia

Creamos la casita de campo al lado del mar que yo había soñado en tener, en el segundo piso de una casa grande que la misión tenía en Monrovia. Anteriormente había sido un Instituto Bíblico, pero ahora estaba disponible para nosotros. Era una proyecto gigante—los huecos que habían dejado las balas en algunas de las puertas eran algunos de los muchos recuerdos que habían dejado los anteriores "inquilinos"—pero eventualmente todo el edificio podía ser usado de nuevo. Nunca había soñado tener tanto campo a mi disposición.

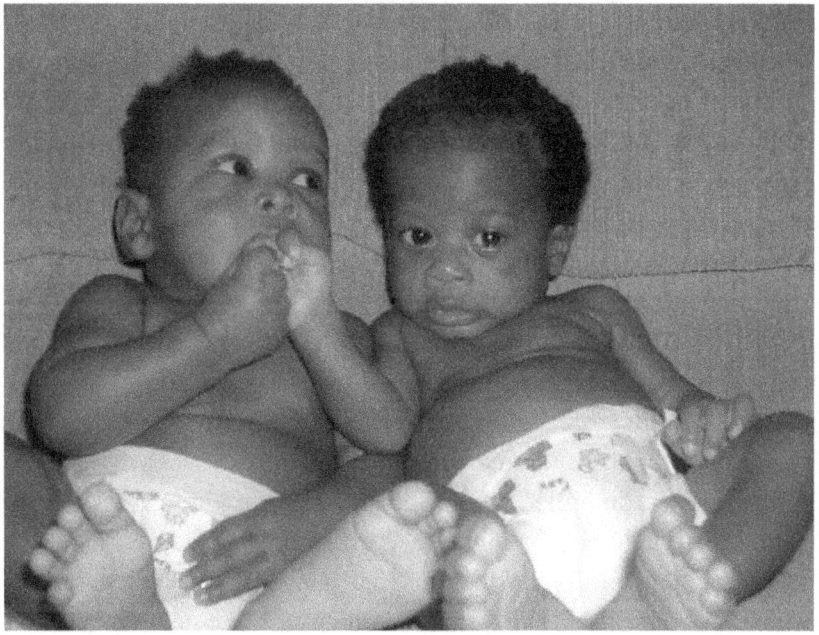

Los bebes adoptivos, Levi y Aerich

Durante el quinto mes que Merri había estado con nosotros, mi amiga de la agencia de adopción nos trajo a un bebé de dos meses para que lo cuidemos. Ya habían pasado muchos años desde que nuestro hijo menor tuviera dos meses, y yo ya casi me había olvidado cómo era cuidar a un bebé de dos meses las veinticuatro horas del día, siete días a la semana. ¡Levi me hizo recuerdo! Y poco después, llegó otro bebé más, uno que estaba sumamente enfermo. Sentimos muchísima alegría al ver a Aerich ir de la muerte a la vida.

Después de esto, vinieron más. Cuidamos de muchos bebes y niños pequeños, algunos por unos días no más y a otros por hasta nueve meses. Tuvimos el privilegio de cuidarlos hasta que llegaba el tiempo cuando se iban a casa con sus nuevas familias adoptivas.

Mientras tanto, mis hijos mayores se estaban yendo a la universidad y ya no estaban bajo mi cargo. Ellos no tenían un hogar a donde ir durante las vacaciones del colegio. No podían llamarnos por el teléfono para charlar un rato. Dependíamos de amigos, parientes y extraños para que se hagan amigos de ellos. No nos desilusionaron. A manera de agradecer a Dios por Su provisión para mis hijos mientras estaban en los Estados Unidos, yo cuidaba de los hijos jóvenes de otras personas mientras visitaban África. No sólo gente joven, pero cientos de personas de diferentes edades pasaban por nuestro hogar. Muchas noches, más de veinte personas se quedaban a dormir en la casa. Muchísimas más se sentaban en nuestra mesa para comer. Recibimos desde diplomáticos, pastores, misioneros, trabajadores de las Naciones Unidas hasta padres adoptivos. Las nacionalidades incluían americanos, belgas, canadienses, libaneses, irlandeses, alemanes y liberianos.

A parte de mis responsabilidades en la casa y mis responsabilidades de hospitalidad, mi trabajo con el cuidado de los niños, el ministerio de enseñanza y correspondencia, yo estaba enseñando a Heidi y a Jared en casa. Me encantaban todos los ministerios en los que estaba involucrada, pero las cosas habían llegado una por una hasta que me sentí como el sapo conocido que se encuentra en la olla de agua que gradualmente se va calentando. Yo estaba trabajando como loca durante el día y luego me despertaba para atender a los bebes varias veces durante la noche. Cada sueño mío se volvió realidad—ayudar a mi esposo, cuidar de huérfanos, tener un "Alojamiento y Desayuno" (porque así era), enseñar a las mujeres y enseñar en casa a mis hijos—pero desafortunadamente, ¡todos mis sueños se volvieron realidad al mismo tiempo!

Un domingo por la tarde, me tiré al sofá, llena de cansancio después de despachar a un mini bus lleno de huéspedes al aeropuerto. Al regresar, el bus iba a traer a más huéspedes. Supuestamente este era mi "día de descanso", ¿pero cómo iba a descansar si en lo único que podía pensar eran las sábanas y toallas sucias que necesitaban ser lavadas y en los pisos que necesitaban ser barridos? ¡Era mucho!

"Dios, tú dices en tu Palabra que no nos vas a dar más de lo que podemos aguantar, pero esto está extremadamente cerca a eso", lloré.

Ya que necesitaba un poco de ánimo, le mandé un correo electrónico a Karen. Ella siempre era buena para dar ánimo. Pero incluso mientras escribía la carta explicándole mi aprieto, no podía ver nada que estaría dispuesta a dejar. Parecía ser que cada puerta de ministerio era una que Dios había abierto para mí. Sin embargo, esperaba que hubiera una solución.

Mi hermana me respondió al día siguiente, dulce y llena de ánimo. Ella no podía entender como alguien podía hacer todo lo que yo hacía. Nadie se encarga de un Alojamiento y Desayuno al mismo tiempo que cuida de niños, me dijo. Pero ella también podía ver que cada ministerio era de Dios. Karen no sentía que la solución era dejar de hacer algunas cosas. Dios me daría la gracia necesaria.

Esa era la respuesta. Yo no necesitaba menos trabajo; necesitaba más gracia. Incluso antes de que llegue la respuesta de Karen, yo había llegado a la misma conclusión. Cada tarea era importante. Cada una era algo que yo sabía que Dios quería que haga durante este tiempo de mi vida. Yo debía tomar esa gracia que Dios me estaba ofreciendo para cada momento y agarrarme de ella—no entrar en pánico pensando sobre el mañana que venía con la posibilidad de depravación de sueño o mucho trabajo. Su gracia era suficiente para mí y yo debía tomarla en cada momento, no por adelantado.

Unos cuantos días después, un amigo liberiano entro corriendo a la casa. "¡Las personas que tienen electricidad están cerca de aquí!" nos anunció emocionadamente.

"¡Anda y ve si pueden venir aquí!" Mis esperanzas iban creciendo.

Después de más de catorce años sin electricidad en la ciudad, nuestra sección de Monrovia era la primera en tener electricidad. La primera vez que encendí un interruptor y la luz se prendió—sin tener que escuchar el ruido bullicioso del generador—parecía un milagro. Heidi y Jared podían hacer más trabajos de la escuela en la computadora. Yo podía usar el Crockpot. Podría lavar ropa sin tener que alzar la manguera tres veces durante cada lavada. En diferentes maneras, algunas grandes y otras pequeñas, la electricidad en la ciudad simplificaba mi vida.

Dios enseñó a mi familia entera más sobre la servidumbre Bíblica a través de esta sumamente ocupada temporada de nuestras vidas y, afortunadamente, mis responsabilidades fueron gradualmente disminuyendo. Pero tenía la alegría de saber que yo había perseverado. Cuando era más de lo que yo podía soportar, Dios me dio más gracia. Y un poco de esa gracia vino a través de cables eléctricos.

Capítulo 24: El Veneno Para Ratones

"¿Sabes dónde está el veneno para ratones?" Mark me preguntó un domingo por la mañana.

"Yo no sé nada sobre eso", le contesté rápidamente. Yo estaba volando por todo el cuarto tratando de hacer seis cosas al mismo tiempo. En contraste, Mark estaba sentado con las piernas cruzadas sobre la cama, viéndose sumamente relajado como para complacerme o como para poder ayudarme.

Mi vida era sumamente ocupada durante un día común y corriente, pero este día no era común y corriente. Tenía que enseñar mi clase en la Escuela Dominical, preparar un picnic, además de alistar a mi familia y a los bebes para ir a la iglesia, y no tenía tiempo de pensar sobre el veneno para ratones.

"No me gusta cuando dices que, "No sabes nada sobre eso", Mark me dijo directamente.

¿Qué? ¿Acaso se estaba haciendo la *burla*? Me pregunté sintiéndome irritada.

En voz alta dije, "¿Qué tiene de malo decir, 'Yo no sé nada sobre eso'?"

"Parece que no estás tomando en serio lo que estoy diciendo".

Yo no estaba feliz. Después de todo, ¿cuán en serio *debo* tomar una pregunta sobre veneno de ratones un domingo por la mañana? Compartí con Mark mis pensamientos no tan lindos, y, poco tiempo después, ya estábamos inmersos en una pelea estúpida y sin sentido. Y entonces, haciendo a un lado toda lección que no sólo me sabía de memoria, pero que enseñaba a las mujeres en los seminarios, decidí castigar a Mark con un silencio completo.

Con talentos de actuación increíbles enseñé a las mujeres e interactué con gente en la iglesia. Fui al picnic y regresé de vuelta a casa—haciéndolo todo sin dirigir ni una palabra a Mark. Al llegar el anochecer, Mark ya estaba cansado de ser ignorado y me confrontó sobre mi silencio hacia él. No fue muy bueno para ninguno de los dos.

Mark estaba más que irritado. Él continuó defendiendo su pregunta, volviendo a reiterar que no le gustaba cuando yo decía, "Yo no sé nada sobre eso". Le parecía desdeñoso. Y además, él tenía la leve sospecha de que yo no estaba diciendo la verdad al decir eso. Yo *sí* sabía algo sobre dónde estaba el veneno de ratón.

"Bueno, yo también estoy irritada", dije. "No me molesta que me confrontes cuando yo estoy pecando, pero esto es suficiente. No es un pecado decir, 'Yo no sé nada sobre eso,' entonces ¡deja de *molestarme*!" El sol no se había puesto sobre nuestro enojo (Efesios 4:26), pero tampoco se puso sobre nuestra completa felicidad. Para nada.

El problema no era en realidad el veneno para ratones, obviamente. El problema era que, los dos habíamos decidido discutir y ninguno de los dos estaba dispuesto a darse por vencido. No era la primera vez durante nuestro matrimonio que esto había sido un problema.

"Querido Dios, por favor muéstrame la solución", oré. "Necesito de Tu sabiduría. ¿Qué debemos hacer si llegamos a una pared en nuestra relación—algo que ninguno de los dos sabe cómo resolver—? Si nosotros, los profesores, no tenemos las respuestas, ¿quién las tiene?

Hace unas dos semanas atrás, antes de esta "discusión", yo había estado leyendo *Creative Counterparts (Contrapartes Creativos)* escrito por Linda Dillow. Ella guía a sus lectores a Filipenses 2:5-8.

> "Haya, pues, en vosotros este sentir que hubo también en Cristo Jesús, el cual, siendo en forma de Dios, no estimó el ser igual a Dios como cosa a que aferrarse, sino que se despojó a sí mismo, tomando forma de siervo, hecho semejante a los hombres; y estando en la condición de hombre, se humilló a sí mismo, haciéndose obediente hasta la muerte, y muerte de cruz".

El Veneno Para Ratones

Cuando los leí, no di mucha importancia a esos versículos. Ya que eran conocidos, supuse que yo ya entendía lo que estaban diciendo. Sin embargo, unos días después de que Mark y yo discutimos, los dos estábamos en el auto en camino al súper mercado, y mientras íbamos manejando encima de los huecos y pasábamos por la montonera de autos, los versículos regresaron a mi mente. Yo sabía que Dios me estaba diciendo algo. La respuesta al problema del domingo estaba en alguna parte de esos versículos. ¿Pero, qué estaba diciendo Dios?

"Se humilló a sí mismo, haciéndose obediente hasta la muerte, y muerte de cruz."

Jesús se *humilló*. ¡Esa era la respuesta! La diferencia entre Su comportamiento y el mío era muy clara. Él murió desnudo en la cruz—voluntariamente humillándose a si Mismo ante sus enemigos. Yo ni siquiera podía aguantar que se me malentienda sobre veneno de ratones en frente de mi esposo.

Mi orgullo había creado el callejón sin salida con Mark. Aunque su sincronización había sido pésima, no había sido un pecado que Mark me pregunte donde estaba el veneno para ratones. El verdadero problema comenzó cuando yo me puse defensiva y me enojé cuando él no estaba satisfecho con mi respuesta rápida. Había herido a mi orgullo. Y la respuesta era humildad. Yo sabía eso. Pero era una cosa es saberlo y otra es practicarlo en serio. Sin embargo, si yo no quería más incidentes de veneno para ratones, tenía que escoger ser como Jesús, que se humilló incluso hasta la muerte.

Entonces, estacionados en frente del supermercado, con un montón de mendigos mirándonos, le pedí a Mark que me perdone. "Ya entiendo", le dije. "Cuando nos vemos ante una pared en nuestra relación —algo difícil por el cual debemos pasar—Dios me está diciendo que yo tengo que ser humilde e ir por *debajo* de la pared. Debo ser como Jesús".

Unas cuantas semanas después encontré el veneno para ratones. Estaba justo donde yo lo había dejado.

Capítulo 25: Preston

Conocimos a Preston en 1993 cuando este hombre guapo y sociable era todavía un adolescente. Desde entonces, él había trabajado con una variedad de ministerios, incluyendo el nuestro. Él había sido un miembro activo de las iglesias en donde nosotros teníamos nuestro ministerio, e incluso había asistido a la Escuela Bíblica en Costa de Marfil durante unos cuantos semestres.

En 1999, Preston se casó con Tasha, una hermosa y callada jovencita que asistía a la iglesia que habíamos ayudado a establecer en Bloléquin. Nosotros estábamos felices de que él había encontrado a alguien tan dulce. Ella incluso era una virgen todavía, realmente alguien muy especial.

Cuando regresamos a Liberia en el 2004, después de nuestra visita de un año a los Estados Unidos, nos enteramos que Preston estaba viviendo en Monrovia. Mark logró contactarse con él y lo invitó a la casa para que podamos charlar. Ya que la ciudad estaba llena de ladrones que se aprovechaban de las noches oscuras y nuestra casa vacía, con sus paredes bajas era un blanco obvio, necesitábamos a un guardia honesto que la cuide mientras la renovábamos. Preston era la opción lógica.

Durante una de las primeras noches de trabajo de Preston, un grupo de siete ladrones se entraron silenciosamente a nuestra propiedad. Empezaron a sacar cosas del tendedero de ropa y del patio. Preston, al oír que se movía el pasto y al oír el silencioso movimiento de pies, gritó fuertemente, pidiendo ayuda. El grito hizo despertar a uno de los vecinos y juntos hicieron escapar del patio a los ladrones sorprendidos.

Nosotros estábamos muy agradecidos por la valentía y obvia lealtad de Preston. Cuando nos mudamos a la casa, les pedimos a Preston y a Tasha, junto con sus dos hijas, que vivan en el primer piso de la casa. A cambio de la renta, él estaba encargado de responder las puertas durante las tardes y de asegurarse que los guardias estén haciendo un buen trabajo. Mark le ofreció un trabajo de día, ayudando por la casa y el patio. Le prestamos dinero a Preston para que pueda tener una tiendita de té justo afuera en nuestro patio para poder tener un poco más de dinero extra. Incluso para que Preston continúe con su educación en la Escuela Bíblica, Mark le ayudó a pagar sus pensiones.

Una noche, más de dos años después, nuestro hijo John-Mark entró a nuestro patio e interrumpió una pelea enorme. La mano de Preston estaba en la garganta de Tasha y estaba gritando a su pastor, que también estaba ahí, acusándolo de ayudar a Tasha en la prostitución. La cara de Tasha estaba moreteada y su cuello tenía marcas donde la piel había sido pelada por las uñas de Preston. Nosotros estábamos horrorizados.

Antes de que los invitáramos a vivir con nosotros, sabíamos que su matrimonio tenía problemas, pero no teníamos idea de que las cosas estaban tan mal. Equivocadamente habíamos supuesto que las sesiones de consejería que previamente había recibido Preston, la educación en la Escuela Bíblica—recientemente había aprobado la clase sobre el Hogar Cristiano que Mark había enseñado—y sus años dentro de la iglesia habían hecho que él madure. Obviamente estábamos equivocados. Insistimos que Preston y Tasha recibieran ayuda para su matrimonio realmente problemático. Preston, avergonzadísimo por haber sido atrapado, cooperó completamente.

Durante las sesiones de consejería, nos enteramos de un montón de cosas mientras Tasha nos contaba lo que pasaba cuando nadie estaba viendo—la mayoría de las cosas habían estado pasando desde el comienzo de su matrimonio. Preston era un esposo muy celoso, y todo, sin importar cuán insignificante, era una prueba de la infidelidad de Tasha. Si llegaba del mercado unos cuantos minutos tarde, estaba encontrándose con un amante. Si llegaba a su casa en un taxi que venía por la dirección incorrecta, obviamente estaba cometiendo adulterio. Cuando él le

Preston

seguía al mercado y ya no la podía ver, se estaba encontrando con un novio. No era sorpresa que Tasha estaba sumamente enojada por las acusaciones falsas y por el abuso.

Les dimos consejos de la Biblia y oramos con ellos. Esperamos que eso les ayude, y tal vez sí lo hizo a corto plazo. Pero seis meses después, el problema regresó. Esta vez había algo más. Sin evidencia creíble, Preston estaba acusando a un pastor confiable, un amigo personal nuestro, de estar involucrado con su esposa. Era simplemente absurdo, pero de igual manera había la posibilidad de que eso destruya el testimonio cristiano de nuestro amigo. Para ese entonces, ya completamente cansado, Mark le dijo a Preston que si volvía a golpear a su esposa otra vez o acusaba a alguien más de adulterio, perdería su empleo, tendría que salir de la casa y lo sacarían de la Escuela Bíblica.

Las cosas se tranquilizaron por un tiempo. Sin embargo, unos cuantos meses después del ultimátum, Tasha apareció en nuestro patio. La piel había sido arañada de su cuello y habían dos moretes gigantes en su cara. "Estoy tan cansada", susurró. "Estoy tan cansada".

Después de que Mark llamó a su pastor y a una autoridad de la Escuela Bíblica para que sean testigos, él confrontó a Preston acerca de su comportamiento malvado y le reiteró las consecuencias. Luego, habló con Tasha y le preguntó qué estaba planeando hacer. Agachada y sollozando, Tasha susurró que ella quería separarse de Preston. Obviamente ella sentía que su situación no tenía esperanza.

Después de que Tasha terminó de hablar, Preston habló. Él se defendió por el abuso hacia Tasha y dijo que ya no tenía nada más que ver con ella. Obviamente estaba furioso con Tasha no sólo por su "adulterio", pero también por habernos contado sobre las acusaciones y las golpizas.

Luego, después de que había dicho lo que tenía que decir, repentinamente y dejando a todos horrorizados, Preston se paró, agarró a cada una de sus hijitas por las manos y se las llevó. Nadie tenía la menor idea a donde se las estaba llevando.

Era la perfecta venganza y él lo sabía. Esa noche podíamos escuchar los llantos agonizantes de Tasha que venían desde su cuarto abajo. Cuando le llevé un plato de comida, la encontré bien agarrada de la ropa de sus hijas, llorando, "¡Mis niñas! ¡Mis niñas!"

Al día siguiente, Preston había regresado. De manera típica liberiana, había traído a un representante que hable por él. Mientras él se sentaba a un lado, con la cabeza abajo en humillación, su hermana hizo su súplica emocional. Con lágrimas cayendo de sus ojos, ella nos dijo que Preston lamentaba haber pegado a Tasha. Nunca lo volvería a hacer. Por favor dejen que conserve su empleo. Sus súplicas eran apasionadas y del corazón. ¿Podríamos por favor reconsiderar? ¡Piensen en Tasha y en las niñas! Si Preston perdía su trabajo y lo sacaban de la casa, ¿qué les pasaría a ellas?

No teníamos duda alguna de que toda la familia entera de Preston se sentía mal que él había pegado a su esposa otra vez y que también sentían pena que él iba a perder su empleo por haberlo hecho. Desafortunadamente, su pena no borraba el comportamiento pecaminoso de Preston y no hacía desaparecer a las consecuencias. Cuando él vio que las súplicas de su hermana no iban a hacer que las cosas estén bien de nuevo, Preston dejó a un lado su mirada contrita.

Cambiamos al próximo tema, que era sobre el plan de Tasha para su futuro. Debido al deseo peligroso de Preston de llevarse a las niñas, ella se encontraba en una posición horrible. Si se negaba a volver con él, Preston ya había probado que realmente se las llevaría. Si ella se quedaba con él, podría estar con sus hijas que realmente la necesitaban, pero continuaría en esta situación de peligro. Ahora, mientras se sentaba en el sofá, llorando y llorando y viéndose completamente miserable después de haber pasado una noche sin dormir, silenciosamente anunció su decisión. Se quedaría con Preston.

Tasha tenía el derecho de tomar esa decisión. Ya que no queríamos complicar más las cosas para ella, le dijimos que ella y las niñas se podían quedar en el cuarto de abajo hasta que Preston encontrará otra casa en donde vivir.

Cuando terminó la reunión, Mark sacó la cuenta de cuánto le debíamos pagar a Preston de indemnización. Aunque era realmente ridículo que después de todo lo que ya le habíamos dado, teníamos que darle más para deshacernos de él, no queríamos problemas. Además, sabíamos que estábamos haciendo lo correcto al dejarlo ir—sin importar cuánto costaba. Quizás si Preston estaba obligado a sufrir las consecuencias de su pecado, tal vez decida que sus celos no valían la pena.

Tres semanas después un camión viejo parqueó en nuestro patio. Preston salió y rápidamente comenzó a meter sus cosas, evitando mirarnos. Cuando por fin terminó, nos despedimos de Tasha y de las niñas, dándoles un abrazo y entregándoles regalos. Nuestros corazones nos dolían. Habían vivido en nuestra casa por casi dos años y parecía que estábamos diciendo adiós a una hija amada y a nietas preciosas.

Después de que se fue el camión con su gigante carga, yo entré en acción. No había tiempo para estar parada llorando. Habíamos invitado a una jovencita a que viva con nosotros por unos cuantos meses y yo tenía que vaciar el cuarto para que se lo repinte. Llamé a Jared para que me ayude. Al entrar al cuarto vacío, vi un calendario roto cayéndose de la pared, unas cuantas botellas vacías de Coca Cola, latas de mayonesa vacías y, en el medio del dormitorio, una caja grande de lo que parecía ser papeles descartados. Revisé el montón, viendo cuadernos viejos, apuntes de clases y hojas sueltas para ver si algo parecía tener valor. No parecía tenerlo. Arranqué el calendario de la pared y lo metí a la caja, mandando a Jared afuera para que lo queme. Después de unos cuantos minutos, yo fui a donde él estaba y juntos vimos como el fuego destruía los papeles.

Dos semanas después, Preston se apareció, enojado y decidido. Habíamos quemado $100,000, él decía. Había estado en la caja. Nos amenazó actuar legalmente si no le dábamos el dinero.

Era una locura. Cien mil dólares liberianos equivalían a más o menos $1,600 dólares estadounidenses. ¿De dónde iba a sacar Preston tanto dinero? Y suponiendo que sí lo tenía, ¿no sería una ridiculez dejarlo en el medio de un cuarto sin seguro? No había manera alguna de que ese dinero estaba en la caja. Esa cantidad de dólares liberianos hubieran llenado toda la caja y yo había revisado todita. Y también, aun más importante y absolutamente irrefutable, Jared y yo habíamos observado mientras la caja entera de papeles se quemaba y no vimos ni un billete, menos uno que valía $100,000.

Pero sin embargo, la acusación seguía ahí y yo estaba completamente sorprendida. ¿*Qué* estaba haciendo? Nosotros habíamos querido a Preston, Tasha y a sus hijas como si fueran parte de la familia. Le dimos un empleo a Preston. Dejamos que su familia viva en nuestra casa. Les compramos regalos de Navidad. Jugamos con sus pequeñas hijas. Les dimos y dimos y dimos. ¿Y esta era su manera de darnos las gracias? Me sentía traicionada.

Mark y nuestros amigos pastores le rogaron a Preston que pare con esta locura, pero Preston no quería escuchar a la razón. Luego, unos cuantos días después, recibimos una citación. Mark y yo teníamos que ir al Templo de Justicia para hablar con el abogado de la ciudad sobre algunas acusaciones de destrucción de propiedad privada. Nuestros amigos nos informaron que no existía una reunión simple en el Templo de Justicia y sugirieron que llevemos a un abogado a la consulta. Mandamos correos electrónicos a nuestros patrocinadores en los Estados Unidos, pidiendo oración especial. Mark tenía miedo de que esto se convierta en años de tener que defenderse ante un jurado. Sabíamos por experiencia amarga que eso era realmente una gran posibilidad.

Llegó el día de la consulta. Nunca antes me habían citado para algo como esto, pero ya que yo era la que había pedido que Jared queme la caja de papeles, era claro que yo estaba involucrada.

Yo necesitaba la orientación de Dios. ¿Cómo debía enfrentarme a esto? Faltando sólo una hora antes de que salgamos para llegar a la reunión de las cuatro, alcé mi Biblia. Vi un libro cerca de mí que estaba colgando del estante y lo saqué. Era un libro de oraciones puritanas que titulaba *Valley of Vision* (Valle de Visión). Lo abrí. La amiga que me lo había obsequiado había escrito una nota dulce, la fecha y una referencia bíblica, Filipenses 2:5-11, en la página de presentación.

Oye, ¡yo conozco estos versículos! ¡Eran los versículos del "veneno de ratones"! rápidamente alcé mi Biblia y encontré los versículos tan conocidos y los leí unas cuantas veces. Cada uno hablaba claramente, pero en especial resaltaban los versículos cinco a ocho.

> "Haya, pues, en vosotros este sentir que hubo también en Cristo Jesús, el cual, siendo en forma de Dios, no estimó el ser igual a Dios como cosa a que aferrarse, sino que se despojó a sí mismo, tomando forma de siervo, hecho semejante a los hombres; y estando en la condición de hombre, se humilló a sí mismo, haciéndose obediente hasta la muerte, y muerte de cruz".

Luego, leí el libro que me había regalado mi amiga. Me quedé asombrada. Era como si este puritano había escrito esta oración especialmente para mí y para este día.

<u>El Valle de la Visión</u>
Señor, Alto y Santo, Dócil y Humilde,
Tú me has traído al valle de visión,

Donde yo vivo en lo profundo pero a Ti te veo en las alturas;
Atrapada por montañas de pecado contemplo Tu gloria.

Déjame aprender a través de la paradoja
Que el camino abajo es el camino arriba,
Que estar abajo es estar arriba,
Que el corazón roto es el corazón sanado,
Que el espíritu contrito es el espíritu gozoso,
Que el alma arrepentida es el alma victoriosa,
Que tener nada es poseerlo todo,

Que ponerse la cruz es ponerse la corona
Que dar es recibir,
Que el valle es el lugar de visión.

Señor, en el día las estrellas pueden ser vistas desde los pozos más hondos,
Y siendo más profundo el pozo, más brillan Tus estrellas;

Déjame encontrar Tu luz en mi oscuridad,
Tu vida en mi muerte,
Tu gozo en mi tristeza,
Tu gracia en mi pecado,
Tus riquezas en mi pobreza,
Tu gloria en mi valle.[8]

Alcé una tarjeta de 3 x 5 pulgadas. "El camino abajo es el camino arriba. Estar abajo es estar arriba", escribí rápidamente. Copié unos cuantos versículos de Filipenses. Esta era mi respuesta. La manera como enfrentarme con la actitud correcta a esta traición era enfrentarla de la manera que Jesús se había enfrentado a Su traición. Yo debía ser como Jesús.

Mi estómago estaba en nudos mientras recorríamos las cinco millas (8 kilómetros) para llegar al edificio del Ministerio de Justicia en el centro de Monrovia. Toqueteaba mi tarjeta de 3 x 5, mirando de vez en cuando a mis palabras, mis "notas de chanchullo".

Preston estaba esperando en la sala afuera del cuarto que nos habían asignado, y cuando lo vi, me sorprendí. En vez del joven guapo que yo conocía, había un esqueleto con los ojos huecos. Sus ojos estaban rojos y daban miedo. Parecía completamente endurecido.

"Hola, mi hijo", le saludé. Tenía que ser como Jesús.

"¿Qué está haciendo aquí la gente blanca?" escuché a alguien preguntar mientras esperábamos.

---

[8] Versión Original: Editada por Arthur Bennett, *The Valley of Vision*, Carlisle, PA, The Banner of Truth Trust, 2005, 24-25. Versión traducida: Laura Vargas Monje.

"Destrucción de propiedad". Qué vergonzoso.

A nosotros, y a nuestros amigos pastores que nos habían acompañado, nos invitaron a pasar al cuarto donde se encontraba Preston y su delegación. El abogado de la ciudad se sentó en un escritorio al frente del cuarto y había sillas alrededor de él en un semicírculo. Dos sillas fueron puestas justo en frente del escritorio para Mark y para mí.

Inmediatamente el abogado se presentó y comenzó. Este era un caso sobre la destrucción de propiedad privada, nos dijo. Nancy Sheppard había destruido la propiedad de Preston y eso era un crimen.

¿Un *crimen*? ¿Y sólo a mi me estaban acusando—no a Mark y a mí? Olvidándome de mi tarjeta y el hecho de que Jesús se quedó callado ante Sus acusadores, puse mi mano sobre el escritorio. El abogado me miró, dándome permiso para hablar.

"*No creo* que aquí en Liberia es un crimen quemar basura", dije.

Él respondió severamente, "¡La destrucción de propiedad privada es una ofensa criminal!"

"¡Me están llamando *criminal*!" grité en horror, hablándole a nadie en particular. Sentía como si alguien me hubiera dado un golpe directo a la cara.

Cuatro pastores saltaron de sus asientos y simultáneamente me dieron palmaditas en la espalda. "También a Jesús lo llamaron criminal", uno me hizo recuerdo.

Horrorizada y humillada por lo que estaba pasando, me paré y fui a un extremo del cuarto, tratando de ir a donde no me vieran. Sollocé y sollocé; no podía parar. Busqué un Kleenex en mi cartea, pero no encontré nada. Lágrimas calientes caían de mis ojos, mojando mi falda. Todos cortésmente me ignoraron, dejándome en la esquina del cuarto con mis lágrimas.

Un amigo mutuo interrumpió el procedimiento. Parándose en frente de todo el grupo, le rogó a Preston que reconsidere. ¿Teníamos que seguir con esto? ¿Acaso no podía ser arreglado esto por un grupo de pastores en un lugar privado? ¿Tenía que ser en la corte? Preston, quizás avergonzado por mis lágrimas, concedió. Ansiosamente Mark acordó en arreglar el problema en otra parte. La reunión terminó y la gente salió del cuarto.

Mientras me paraba temblorosamente, me di cuenta que sólo unas cuantas personas seguían en el cuarto. Una de ellas era Preston. Ese momento me di cuenta que Dios me estaba dando la oportunidad de obedecerle y hacer lo que Él me había dicho que haga—ser como Jesús.

Sintiendo que esto de alguna manera estaba pasando fuera de mi, su importancia muy clara, me caí de rodillas ante Preston. Con lágrimas cubriendo mi cara, le dije a Preston que quisiera poder lavarle los pies. Justo antes de ser traicionado, Jesús había lavado los pies de Judas, y yo quería ser como Jesús. Levantándome de mi posición de rodillas, le agarré a Preston por el cuello y lo abracé fuertemente. "Te quiero", dije. "Y si me matas, te amaré incluso mientras el cuchillo este torciéndose dentro de mí". Después, le di un beso en la mejilla.

Preston estaba extremadamente incómodo. Se retorcía contra le pared, tratando de escaparse de mi abrazo. "¡Hazle caso a la señora!" su abogado demandó, haciéndolo sentar de nuevo en su silla. Al mismo tiempo, el abogado de la ciudad, avergonzado que la señora blanca estaba de rodillas, me jalaba, tratando de ponerme de pie.

"No, debo ser como Jesús. Debo amar a Preston", mirándole le expliqué con seriedad. "Aunque él me haya traicionado, debo amarlo. No lo hemos querido de una manera perfecta, pero lo hemos querido lo mejor que hemos podido".

Al irnos del edificio del Ministerio de Justicia, regresando a la casa, mi corazón sentía completa paz. Yo no tenía control alguno sobre cómo iban a terminar las cosas, pero estaba feliz que había hecho lo que Dios me había pedido que haga.

Un grupo de pastores se reunió con Mark y Preston para discutir el caso. Ni uno iba a apoyar a Preston con sus acusaciones. Avergonzado, Preston desapareció de nuestras vidas y no supimos nada de él y poco sobre él.

Más de un año después Preston llamó por teléfono para preguntarnos si podía venir a nuestra casa para hablar con nosotros. Él quería que también esté presente el pastor a quien él había acusado de tener una relación con Tasha. Decidimos tener la reunión.

Preston vino, trayendo a su nuevo pastor y a Tasha con él. Después de saludos nerviosos y charla incómoda, comenzó a hablar. Contó una serie de eventos terribles y humillantes que habían pasado en su vida. Los pecados que le habían apartado de su trabajo, amigos, y escuela habían eventualmente destruido su matrimonio, algo que no era sorprendente. Sin embargo, después de haber estado separados por siete meses, él y Tasha habían vuelto a estar juntos de nuevo. Su pastor estaba teniendo sesiones de consejería con ellos.

Preston se disculpó con Mark y conmigo por su comportamiento. También pidió perdón al pastor a quien había equivocadamente acusado. Parecía sincero. Tasha, que estaba a su lado, parecía relajada y feliz. Me aseguró que él se estaba portando bien. Yo estaba muy feliz de ser testigo del trabajo continuo de Dios en sus vidas. También estaba contenta que Dios había usado este tiempo de pruebas para continuar con Su trabajo purificador en mi vida. Durante el tiempo entre el evento en el Ministerio de Justicia y la disculpa, yo había llegado a entender que aunque Preston nunca admitiera que él estaba equivocado, aunque nunca se disculpe, esta prueba tenía valor. Yo estaba aprendiendo como identificarme con Jesús, y al hacer eso, me estaba convirtiendo más y más como Él. Las letras del bello himno antiguo eran mi oración:

¡Oh! Ser Como Tú
¡Oh! Ser como Tú, Redentor amado.
Esa es mi constante oración y anhelo;
Felizmente perdería el derecho de todas las riquezas de la tierra
Jesús, vestirme de Tu perfecta semejanza.

¡Oh! Ser como Tú, lleno de compasión,
Amoroso, perdonador, tierno y amable,
Ayudando a los impotentes, alentando a los que se desmayan,
Buscando encontrar al pecador viajero.

Las Confesiones de un Corazón Transformado
¡Oh! Ser como Tú, con el espíritu humilde,
Santo e inofensivo, conforme y valiente;
Pacientemente aguantando las reprochas crueles,
Dispuesto a sufrir, y a otros salvar.

¡Oh! Ser como Tú, mientras ruego,
Saca Tu Espíritu, llénalo con Tu amor,
Hazme un templo para Tu morada,
Equípame para la vida y el Cielo.

Refrán:
¡Oh! ¡Ser como Tu Oh! Ser como Tú.
Redentor amado, siendo tan puro;
Ven en Tu dulzura, ven en Tu plenitud.
Marca Tu propia imagen profundamente en mi corazón.[9]

---

[9] Versión original: Thomas O. Chisholm, *Oh! To be like Thee*, publicada en 1897, Dominio Público. Versión traducida: Laura Vargas Monje.

Epílogo

Durante nuestra quinta visita a los Estados Unidos, Dios nos dio una sorpresa maravillosa—una semana en Orlando, Florida. Melodie llegó de Indiana donde estaba asistiendo a una clase de entrenamiento para consejería bíblica. Nathan estaba de vacaciones primaverales de la universidad. Increíblemente, John-Mark llegó por dos semanas, con el transporte todo pagado, tomándose una vacación de su ministerio en Liberia. Nuestra familia de siete personas estaba toda junta, disfrutando de un paraíso de vacaciones.

Y luego, para hacer que Mark esté especialmente feliz con todo, mi papá y madrastra pagaron para que nos quedemos en un condominio de multipropiedad. Era parte de un resort hermoso—que incluía mini-golf, botes para pedalear, trece piscinas y bañeras de agua caliente. También nos llevaron a cenar al restaurante-cine Arabian Knights. Y como si no fuera suficiente ya todo eso, miembros de una iglesia que nos patrocinaba nos dieron seis entradas "Park Hopper" (Saltadores de Parques) de un día a cuatro de los parques de diversión de Disney.

El día Park Hopper fue cálido y despejado. Para las nueve de la mañana cuando el parque se abría, nosotros ya estábamos bien parados en frente del Reino Animal, sintiéndonos en casa en el ambiente trópico y exuberante. Estábamos listos para ir de un lado al otro. Ya que no era la temporada de visitar parques, las filas no eran muy largas, entonces incluso con nuestra restricción de tiempo—entradas de un día—estábamos seguros de que íbamos a poder visitar todos los parques.

Las puertas se abrieron y entramos corriendo. Después de subirnos a unos cuantos divertidos, pero mansos juegos, llegamos al "Expedition Everest" (Expedición Everest). El aviso alardeaba, "Enfréntense al terreno terrible de la gigante Montaña Prohibida en esta altitud, aventura de tren a toda velocidad. Vueltas de horquilla que te harán morder las uñas te lanzaran hacia adelante hacia la cima y luego, justo cuando piensas que las cosas no pueden ser más emocionantes—¡te lanza hacia atrás! La montaña está llena de sorpresas: Cuidado con la bestia gruñidora que protege sus dominios...el Yeti".

Nuestra familia se quedó callada, guardando nuestro secreto mientras gritábamos y reíamos en el Expedition Everest; nosotros habíamos estado en la *verdadera* expedición. Nos enfrentamos al terreno terrible de lo desconocido, montañas prohibidas de miedo y duda, la aventura a toda velocidad de confiar en Dios. Sí, fuimos hacia atrás algunas veces y la montaña sí estaba llena de sorpresas. La bestia gruñidora definitivamente estaba cuidando de su dominio. Las vueltas de horquilla de nuestra propia expedición sí nos habían lanzado hacia adelanta hacia la cima.

Yo estaba consciente del esplendor de la cima de la montaña mientras Mark y yo caminábamos en la gran masa de humanidad cocida por el sol, con nuestros cinco hermosos hijos. John-Mark, de veinticinco años, ahora era un misionero, compartiendo el Evangelio con los musulmanes de África Occidental. Él era un hombre, fuerte y devoto. Melodie, a los veintitrés años de edad, era hermosa por adentro y por afuera. Su corazón era suave y realmente quería a los "hermanos más pequeños", a los huérfanos de África. Nathan, veintiún años, con su extrovertida personalidad de "yo nunca conocí a un extraño", me asombraba. Era un aviso de todo lo que un joven de edad universitaria debería ser. Heidi, trece años, estaba poniéndose más físicamente y espiritualmente bella cada día. Jared, de doce años, era un globo de sol y alegría.

De allí, fuimos al Reino Mágico de Disney. El castillo de Cenicienta era el perfecto telón de fondo para tener una sesión de fotos. Heidi sacaba foto tras foto de Melodie, Jared y Mark saltando juguetonamente, sonriendo de manera embelesada como modelos posando para un folleto. Luego Mark les sacó fotos a

Epílogo

los cinco en fila, saltando juntos. Hasta ese momento ya teníamos a un público observándonos. La gente veía las tonterías y sonreía junto con nosotros. Nuestros hijos se parecían tanto entre ellos que no había duda alguna de que eran hermanos. Yo sentía que debíamos ser la envidia de todos.

Usando habilidades de organización que hemos ido adquiriendo durante los veintiún años de viajes internacionales, nos movimos desde el Reino Animal de Disney hasta el Reino Mágico hasta llegar a los Estudios de Hollywood. A las nueve de la noche, todos los parques ya se estaban cerrando y llegamos al Centro Epcot, el último de los cuatro parques. Nuestros pies estaban sumamente cansados y ya estábamos cansados de "saltar" de un lado al otro, pero la buena administración de las entradas Park Hopper nos demandaba que "saltemos" hasta que ya no demos más—o hasta que cierren con candados los parques.

El paseo Soarin' parecía emocionante. Prometía darte "una ráfaga de emoción gigante al volar en ala delta por encima del Puente Golden Gate y por el bosque de secoyas en California". Después de hacer fila junto con cientos de turistas quemados por el sol, nos aseguraron a nuestros asientos, siete Sheppards en una fila.

Realmente fue emocionante. Respondimos simultáneamente a la aventura que te movía el estómago al subir montañas y pasar por lagos y bosques. Alzamos nuestros catorce pies cansados cuando parecía que nos íbamos a chocar. Disfrutamos de la maravillosa belleza—juntos.

Mientras bajábamos del paseo e íbamos hacia la luz, noté que Mark estaba callado. Abrazándome me dijo, con los ojos llenos de lágrimas, "Tenemos la mejor familia de todas. Míralos. Se quieren". Los niños vieron nuestro abrazo y se acercaron para abrazarnos.

La oportunidad de participar en algo realmente valioso cambia a los niños de la misma manera que cambia a adultos. Las luchas y dificultades que Mark y yo hemos vivido a través de los años han sido grandes y muchas veces hemos charlado por mucho tiempo sobre cómo enfrentarlos, muchas veces incluyendo a nuestros hijos en las charlas. No podíamos protegerlos de la vida, pero por la gracia de Dios podíamos darles las herramientas para que puedan afrontarla. "Nos han dado el mejor regalo de todos", Melodie recientemente me dijo. "Nos enseñaron a pensar bíblicamente".

San Lucas 14:26 es un versículo raro y difícil de entender. Dice,

> "Si alguno viene a mí, y no aborrece a su padre, y madre, y mujer, e hijos, y hermanos, y hermanas, y aun también su propia vida, no puede ser mi discípulo".

A primera vista parece ser que Jesús está enseñando odio. Pero por supuesto que Jesús no nos está diciendo que *odiemos* a nuestros hijos. Más bien está diciendo que al comparar nuestro amor por Cristo con el que tenemos por nuestros hijos, el último parecerá odio. Es una paradoja bíblica: cuando escogemos a Dios, estamos escogiendo lo que es mejor para nosotros. Como corolario de esto, cuando escogemos a Dios, también estamos escogiendo lo que es mejor para nuestros hijos.

Me acuerdo con tristeza de esas dos esposas jóvenes que impidieron a sus esposos el trabajo misionero porque sentían que

Epílogo

era lo "mejor" para sus hijos. Oh, ¡lo que se perdieron esos niños!

Es verdad que nuestros hijos no han asistido a los "mejores colegios". Ha habido tiempos que sus cortes de cabello eran atroces y que su ropa estaba rota y manchada. Han sufrido de malaria, triquinosis, esquistosomiasis, tifoidea, sarnas, disentería y una montonera de llagas infectadas. No pudimos estar para las graduaciones de la universidad de John-Mark y Melodie, y seguro que nos tendremos que perder de muchísimas otras ocasiones especiales en el futuro.

¿Pero, qué han ganado? Todo lo que necesitaban y aun más. Definitivamente han tenido una infancia muy interesante. A parte de la gran variedad de experiencias y oportunidades que les trajo el trabajo con los refugiados de guerra a mis hijos, había también una gran cantidad de ventajas, que aunque no tan obvias, eran muy buenas. Ellos podían hablar el inglés liberiano como verdaderos liberianos, y podían hablar francés conversacional. Ellos conocían música, historias y chistes de alrededor de todo el mundo. Habían cenado con diplomáticos y embajadores. Además de haber vivido en Liberia y en Costa de Marfil, uno o todos habían visitado Francia, Inglaterra, Suiza, Holanda, Bélgica, España, Lebanon, Corea, Irlanda, México, Guinea, Mali y Sierra Leona. Ellos *creían* que el resto del mundo existía; ellos habían estado ahí.

¿Y qué he ganado yo? Todo lo que siempre he querido.

Hace muchos años atrás cuando estábamos en Bloléquin y la salud del bebé Jared iba empeorando, y oramos como nunca antes lo habíamos hecho, Mark dijo, "Cada plazo Dios nos ha enseñado algo nuevo. Tal vez durante este tiempo Él nos va a enseñar cómo debemos orar". Yo casi no me atrevía a creer que eso era verdad, pero Dios me enseñó a orar.

Durante nuestro primer plazo en Liberia, yo serví. Fue maravilloso, pero incluso mientras yo veía como Dios cosechaba los frutos de mi servicio, yo lloraba, "No es suficiente. Nunca es suficiente". Dios quería mucho más que mi ídolo de servicio cristiano. Durante nuestro segundo plazo, ya trabajando con los refugiados, Dios me enseñó sobre la sumisión—tanto a Mark como a Él. Y, algo que me sorprendió fue que, en vez de sofocarme, esta percibida pérdida de control en realidad me liberó. Durante el tercer plazo de servicio, a pesar de mis dudas, Dios me enseñó a orar. En el cuarto plazo Dios me enseñó a reverenciar a Mark, algo que no sólo honraba a Mark, pero que aun más importante, también honraba a Dios y a Su Palabra. Y durante nuestro quinto plazo, Dios me enseñó como es la humildad hecha de la manera que Cristo la hizo.

"Esta no es la mujer con la que me casé", Mark le dijo a una amiga. Sorprendida, ella me miró, asegurándose que no me molestaba lo que Mark había dicho. No, no me molestaba. Yo sabía que era verdad. Partes muy básicas de mi personalidad cambiaron durante el tiempo que mis "ídolos" caían.

¿Ídolos? Sí. No eran ídolos de madera o de piedra, por supuesto, pero eran cosas que yo había puesto sobre mi corazón (Ezequiel 14:1-5). Lou Priolo lo dice muy bien. "Un ídolo puede ser cualquier cosa. Hasta puede ser una cosa buena. Pero si queremos esa cosa tanto que pecamos si no la conseguimos o pecamos para llegar a tenerla, entonces estamos adorando a un ídolo en vez de a Cristo".[10]

Dios me conocía mucho mejor de lo que yo me conocía a mi misma y me quiso mucho como para dejarme estar como estaba. Él quería toda mi adoración, entonces destruyo todos mis ídolos. Él usó las circunstancias tan especiales en las que Él me había puesto—circunstancias que al principio yo había resentido—para dar muerte a la "Antigua Nancy" para que Él pueda hacer resucitar a la "Nueva Nancy".

Dios no me rechazó por mis pecados—yo no había estado consciente de muchos de ellos. Al contrario, Él me cubrió con Su gracia y misericordia, primero mostrándome mi pecado y luego

---

[10] Versión original: Lou Priolo, Apuntes durante un clase sobre "Ídolos del Corazón", (Atlanta Biblical Counseling Center 'Centro de Consejería Bíblica de Atlanta'), 1994, citado en Martha Peace, *The Excellent Wife: A Biblical Perspective* (La Esposa Excelente: Una Perspectiva Bíblica), Bemidji, MN, Editorial Focus, 1999, p. 59.

Epílogo

mostrándome cómo podía cambiar. El Espíritu de Dios hizo que el Libro de Dios se vuelva real para mí y luego me dio el poder necesario para poder obedecerlo.

¿Estoy radicalmente transformada? Absolutamente. ¿Soy perfecta? Absolutamente no. ¿Tengo todas las respuestas? No. Pero esto sí sé. Ya que yo no confiaba completamente en Dios, no sabía qué hacer o decir cuando yo no sabía lo que Él estaba haciendo. Le rogué a Dios que me muestre quién realmente es Él y Él respondió mi oración. Cuando le di a Él control sobre mi vida, en vez de tratar de controlar todo yo, Él se convirtió en no sólo mi Señor y Amo, pero también en mi amigo y hermano. Mi amado. Y eso sí era suficiente.

Apéndice 1: Peticiones Intercesoras de Oración por Liberia

1. Mi oración es que Dios llegue a proveer comida, ropa y refugio diario para la gente de Liberia.
2. Que Dios abra los corazones y las mentes de los liberianos para que puedan entender el mensaje de salvación de Dios; que Él haga que los ojos ciegos puedan ver.
3. Pido que Dios abra un camino para que los condados, las ciudades y las aldeas a las que no se ha llegado todavía puedan escuchar sobre la salvación que Él ofrece.
4. Mi oración es que Dios saque a los corruptos líderes religiosos y a aquellos que están predicando un evangelio falso.
5. Que Jesús continúe mostrándose a los musulmanes de Liberia, como el único camino para llegar al Cielo.
6. Pido que los liberianos puedan ver la gran futilidad de vivir una vida sin Cristo.
7. Que los liberianos sean librados de su temor a los espíritus malignos.
8. Pido que Dios pueda mostrar que Su poder es más grande que el poder de los zoes (comunicadores espirituales) y los molimen (chamanes islámicos).
9. Que los creyentes se arrepientan de sus pecados y que vivan de una manera que honre a su Señor y Salvador.
10. Que Dios convierta a los hombres cristianos de Liberia en verdaderos hombres de Dios—líderes-servidores en sus hogares, iglesias y lugares de trabajo.
11. Mi oración es que las mujeres cristianas de Liberia se arrepientan de su rebeldía contra sus esposos.
12. Que Dios haga que los corazones de los niños vayan al Padre Celestial.
13. Pido que Dios levante a líderes cristianos con un corazón grande para trabajar con los jóvenes de Liberia.

14. Que Dios restablezca los corazones de los creyentes liberianos y que haga que las verdades que hay en Su Palabra sean reales para ellos.
15. Mi oración es que Dios llene a los creyentes con la paz y el gozo que promete en Su Palabra.
16. Pido que Dios levante líderes que estén caminando con el Señor para que enseñen a las otras personas.
17. Pido que Mark y Nancy Sheppard sean bendecidos con sabiduría para saber qué ministerios deberían tener y cómo llegar a involucrarse en ellos.
18. Mi oración es que Dios levante una generación de liberianos que estén comprometidos a cumplir la Gran Comisión en su propio país e ir más allá de este.
19. Mi oración es que Dios levante a intercesores por la gente de Liberia.
20. ¡Que el nombre de nuestro Señor y Salvador Jesucristo sea conocido en Liberia.

Apéndice 2: Cómo Ser Cambiado Desde Adentro Hacia Afuera

El siguiente extracto es de *The Excellent Wife* (La Esposa Excelente), un libro que Dios realmente ha utilizado para desafiarme en muchas áreas. Se lo usa con permiso de la autora, Martha Peace, y fue adaptado del material desarrollado por Stuart Scott.[11]

Los creyentes tienen una capacidad dada por Dios para tener una devoción pura y una adoración de y para el Señor Jesucristo, pero frecuentemente luchan contra otros "dioses"/lujurias/antojos que compiten por su cariño. Estos "deseos" no son necesariamente malos. Por ejemplo, ir a pescar es divertido y definitivamente no es pecaminoso. Sin embargo, la idolatría llega cuando al pescador se le cambian los planes y no puede ir en un viaje de pesca que había tenido planeado, y él peca. El problema es que sus afecciones están enfocadas en la pesca y no en el Señor Jesús. La pesca fácilmente se hubiera podido haber convertido en un ídolo. El corazón de una persona que está enfocado en la pesca puede llegar a enojarse, frustrarse, sentir pena por uno mismo, tener ansias, manipular, o amargarse. La pesca no es pecaminosa, pero lo que una persona piensa sobre ella puede llegar a serlo.

Como el pescador frustrado, las esposas pueden llegar a tener afecciones idolatras. Por ejemplo, cómo se porta su esposo o cómo la trata fácilmente puede llegar a convertirse en un ídolo incluso hasta llegar al punto de desplazar al Señor Jesucristo como su aprecio y deseo más profundo. La siguiente es una lista de ídolos/lujurias comunes contra las cuales esposas cristianas luchan. Antes de leer la lista, pídele a Dios que te muestre los

---

[11] Versión original en inglés: Martha Peace, The Excellent Wife: A Biblical Perspective, (Bemidji, MN, Focus Publishing, Inc., 1999) 59-64.

ídolos/lujurias que tienes (Salmos 139:23-24). Pon un círculo alrededor de aquellos de los cuales eres culpable.

Una Lista de los Ídolos Comunes ("Dioses Falsos") Que las Esposas Puedan Tener Sobre sus Corazones

1. Buena salud.
2. Apariencia física.
3. Tener un matrimonio cristiano.
4. Ser tratada de manera justa.
5. Tener una vida libre de dolor y angustia.
6. Placeres del mundo (drogas, alcohol, sexo).
7. Un hijo o hijos.
8. Otra persona (hombre o mujer).
9. Una cosa material.
10. Un ideal ("movimiento contra el aborto", "movimiento por la paz").
11. El dinero.
12. El éxito.
13. La aprobación de los demás.
14. Tener el control.
15. Que tus "necesidades" sean suplidas.

Con que las cosas estén yendo bien en las áreas que has puesto sobre tu corazón, tú te sentirás bien. Cuando las cosas no vayan como tú habías esperado, la frustración y tal vez la ansiedad puede llegar a acumularse incluso hasta llegar al punto de desesperación. Llegas a estar dispuesta a hacer lo que sea, incluso pecar, con que tengas tu "ídolo". A parte de tu frustración y posible ansiedad, Dios aumenta algo más, frustrando tu adoración a los ídolos porque Él quiere tu completa devoción a Él (San Mateo 22:37-38). Como resultado, las emociones dolorosas llegan a parecer insoportables. El Pastor Scott Stuart nos presenta con un diagrama de lo que está pasando:

El diagrama del Pastor Scott incluye un corazón, que simboliza tus pensamientos, motivos y decisiones—el "centro de control" del ser de una persona. Los pequeños íconos representan qué o a quién estás adorando. Tu adoración dura todo el día, dura cada momento que estás despierto. Tú puedes estar adorando al Señor Jesucristo o a algo o alguien más.

Los pequeños íconos representan los "dioses" que compiten dentro de nuestros corazones. Cuando algo tiene tanta importancia que pecamos para obtenerlo o pecamos cuando no sale bien, puede ser un ídolo en nuestro corazón,

Mientras abundan los pecados idolatras, las emociones dolorosas van aumentando, y la presión comienza a crecer. Es como una locomotora de vapor que no tiene ni válvula de seguridad ni una de repuesto. Si no te arrepientes y acudes a Dios para que Él sea tu refugio (consuelo y alivio a Su manera), entonces te verás obligado a buscar alivio, consuelo, y un escape en otro lugar. Esto llega a acumularse y a formar lo que David Powlison, de Christian Counseling and Education Formation East, llama un "salvador falso". Mientras lees la siguiente lista de "salvadores falsos", piensa en tu propia vida y encierra en un círculo a los que tú alguna vez has acudido para buscar consuelo y alivio.

Lista de Salvadores Falsos/Refugios

1. Un punto de vista no bíblico de Dios ("un genio en una botella que tiene la obligación de concederte tus deseos").
2. El sexo (inmoralidad, pornografía, masturbación).
3. El sueño.
4. El trabajo.
5. La televisión.
6. La lectura.
7. La comida.
8. El retraimiento, huir.
9. Aferrarte a las personas, buscando consuelo.
10. Saliditas de compras.
11. Los deportes.
12. El ejercicio.
13. La recreación.
14. Los pasatiempos.
15. Usar el ministerio como un escape.

16. Mantenerse ocupado en la iglesia o en otras actividades de trabajo voluntario.
17. Las drogas.
18. El alcohol.

El Pastor Scott nos presenta un diagrama que muestra la liberación de la presión.

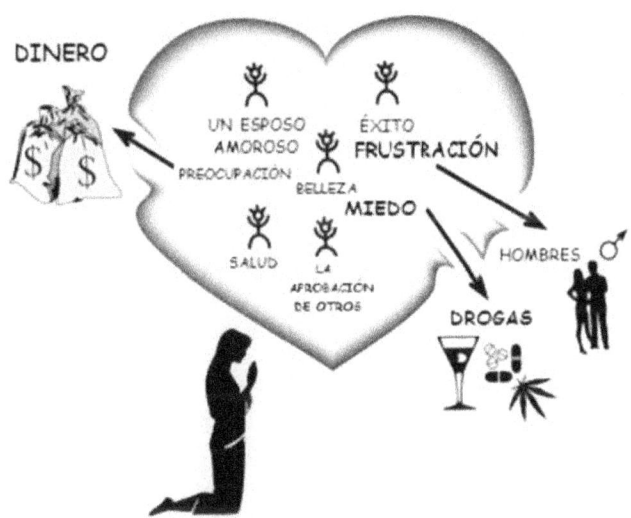

Perseguir a un "salvador falso" sólo aumenta el pecado y empeora las cosas. Algo que comienza siendo sólo una medida temporal de alivio puede terminar esclavizando a la persona y convirtiéndose en un ídolo/lujuria. También existen consecuencias obvias para aquellos que se aferran a la comida, las drogas, o el alcohol, buscando alivio. En vez de aumentar el pecado, el Dios de la Biblia quiere la adoración completa y la devoción de tu corazón. Él quiere que tus pensamientos, tus intenciones, y tus decisiones estén enfocados en glorificarlo a Él. Él debería ser tu más grande anhelo, deseo y refugio. Tus pensamientos, intenciones, y decisiones deberían glorificarlo a Él, no a los deseos de tu corazón idolatra.

Apéndice 3: La Adopción

(*Un agradecimiento especial para el Pastor Bob Bixby de la Iglesia Bautista Morningside de Rockford, IL, por haber escrito el siguiente ensayo para que sea incluido en* Las Confesiones de un Corazón Transformado.)

En su provocativo folleto titulado *The Radical Question: What is Jesus Worth to You? (La Pregunta Radical: ¿Cuánto Vale Jesús Para Tí?)*, David Platt nos pregunta, "¿Qué tal si Jesús vale más dentro de nuestras vidas que sólo aquel giro Cristiano que le damos al sueño americano?"[12] *Girar* algo quiere decir dar una interpretación a algo que favorece la agenda personal de uno. La pregunta de Platt es acusatoria. Él está insinuando que los cristianos en América instintivamente saben que el sueño americano es mundano, pero igual quieren obtenerlo. Entonces le dan un "giro/enfoque Cristiano" a su ambición egoísta, y esto no convence a Platt. Tampoco debería hacerlo. Es un giro.

La pregunta es provocativa porque revela nuestra tendencia a "girar" los textos de la Biblia y las propuestas que nos llaman a mostrar un amor radical o a cuidar de los pobres o a negarse a uno mismo o que nos muestran la supremacía de Jesús, y a darles un enfoque que hace que pierdan su dureza acusatoria y las convierte en cancioncillas inofensivas que miman a nuestra religión de auto-felicitaciones. Pero Jesús realmente vale más que una religión simbólica que tiene tan poco costo. Y la devoción hacia Él reduce al sueño americano a simplemente un enemigo de la cruz que compite por nuestras afecciones más profundas en los secretos de nuestro privado caminar con el Señor. El problema es que aunque exista o no una "zona libre de "giros"" en este mundo, ¡en el asiento de juicio de Cristo, no habrá giro alguno! Tendremos que lidiar con los hechos obvios de la Biblia y rendirle cuentas a Dios por lo que hicimos.

---

[12] Versión original: David Platt, *The Radical Question: What is Jesus Worth to You?* (Colorado Springs: Multnomah, 2010), p. 24.

El cuidar de los huérfanos es una de esas propuestas que es difícil de evadir y Santiago 1:27 es difícil de girar: "La religión pura y sin mácula delante de Dios el Padre es esta: Visitar a los huérfanos y a las viudas en sus tribulaciones, y guardarse sin mancha del mundo".

Las palabras *pura* y *sin mácula* parecen dar una redundancia innecesaria. La palabra *pura* habla sobre la precisión de la religión de uno a un nivel externo y objetivo y las palabras *sin mácula* se refieren a la autenticidad de la religión de uno a un nivel personal y subjetivo. *Puro* se usaba para hablar sobre aquellas cosas que eran ceremonialmente exactas. Pero todos sabemos que es posible ser ceremonialmente exactos y doctrinalmente precisos y todavía ser impuros en nuestros pensamientos y vida privada. Es a esto a lo que se refiere Santiago cuando hace uso de la frase *sin mácula*. Nuestra religión, la manifestación de nuestras creencias a través de nuestro estilo de vida, debe ser externamente correcta y al mismo tiempo, internamente pura. Este punto es enfatizado en la frase "delante de Dios el Padre". En otras palabras, es sólo el Dios omnisciente que puede confirmar que nuestra religión es "pura y sin mácula". Sólo Dios puede ver la realidad de esas palabras.

Todo cristiano que afirma desear una religión que es autenticada por Dios debería instintivamente tener un deseo de entender lo que Santiago dice sobre la religión pura y sin mácula. Y un hecho obvio resalta del versículo y demanda reconocimiento: hay dos cualidades de una *religión pura y sin mácula* que deben ser muy claras en la vida de un creyente. En primer lugar, el creyente debe "visitar a los huérfanos y a las viudas en sus tribulaciones". En segundo lugar, los creyentes deben "guardarse sin mancha del mundo".

El "guardarse sin mancha del mundo" es obvio, pero no fácil. La mayoría de los creyentes entienden que hemos sido llamados a ser santos, separados. En cuanto Jesús nos salva de nuestros pecados, Él nos da nuevas afecciones y un anhelo por una ciudad celestial.

Preguntas de Reflexión

Sin embargo, es la frase que habla sobre visitar a huérfanos y a viudas en sus tribulaciones que es problemática e incómodamente inflexible en cómo está formulada. Es difícil darle un giro o un enfoque diferente a "visitar a los huérfanos y a las viudas en sus tribulaciones" y transformarlo en algo diferente de lo que dice. En otras palabras, Santiago está categóricamente diciendo que la persona que *no* visita a huérfanos y a viudas en sus tribulaciones ¡*no tiene una religión pura y sin mácula!*

Algunos tal vez pongan a un lado las implicaciones obvias del versículo porque no saben cómo pueden inmediatamente aplicarlas a sus vidas. Pero un cristiano sincero debe preguntarse, "¿Cómo es esto pertinente para mí?"

Es muy posible que la frase *huérfanos y viudas* es usada de una manera figurativa, usando una sinécdoque. Una *sinécdoque* es un tropo literario en donde una parte es usada para representar al todo. Por lo tanto, *huérfanos y viudas* son una representación de todas aquellas personas necesitadas e indefensas que necesitan misericordia. En los tiempos Bíblicos, al igual que hoy en día en muchas partes del mundo, el ser un huérfano o una viuda era estar en una de las situaciones más vulnerables e indefensas que existía en la sociedad. Por lo tanto, *huérfanos y viudas* era taquigrafía para pobre, necesitado, indefenso y vulnerable. Realmente ningún cristiano puede ignorar el dolor y la miseria y la impotencia de tantas personas y grupos de personas que existen en su esfera de influencia hoy. Entonces, aunque los cristianos no conozcan personalmente a un huérfano, sí conocen de muchas personas que cumplen con los requisitos de aquel perfil de alguien indefenso y necesitado. Ellos no son exentos de este requisito.

Un Cristiano no puede escaparse de la responsabilidad que otorga Santiago 1:27 por la palabra *visitar*. Esta palabra es mucho más que una pasadita de quince minutos por un hogar de retiro. La palabra se relaciona con la palabra griega *episkopos* de la cual obtenemos la palabra *capataz*. Esa palabra la usamos para el pastor. Es la misma palabra que la traducción griega del Antiguo Testamento usa cuando habla sobre Dios viniendo para ayudar a Su gente. Dios *visitó* a Su gente. Él la quería. Él suplía sus necesidades. Él supervisaba a Su gente. Implica una supervisión deliberada y atenta con un compromiso a suplir todas las necesidades que pueda haber. De la misma manera, el Cristiano que quiere una religión pura y sin mácula delante de Dios debe *visitar* a los necesitados e indefensos.

Yo quisiera sugerir un compromiso de *visitar* a los *huérfanos* de una manera que no sólo muestre una religión pura y sin mácula, pero que tenga el beneficio extra de proveer un medio excelente para obedecer la Gran Comisión y para presentar al Evangelio en vivo y en directo a través de la vida real.

¿El compromiso? La adopción.

El Efecto Creación de un Discípulo

Cada Cristiano sincero anhela obedecer la Gran Comisión (San Mateo 28:16-20) de una manera real, de carne y hueso. A través de la adopción, los cristianos tienen que seguir un plan de creación de discípulos que es uno de los más efectivos planes conocidos por el hombre: ¡la crianza de los hijos!

No todos puedan adoptar a un pequeño, pero estoy seguro de que existe más gente que sí puede, pero que no se dan cuenta de que pueden, y que una motivación Gran Comisión debería animar de una manera extrema a muchos de la Iglesia de Jesucristo a considerar la idea de adoptar a un huérfano.

El Efecto Manifestador del Evangelio

Cada cristiano debería sentirse emocionado sobre la posibilidad de hacer algo con su vida que manifieste las verdades gloriosas del Evangelio, la más maravillosa historia compartida. Y de todas las verdades del Evangelio, muy pocas tienen tanto significado para el creyente que la Doctrina de la Adopción. Lamentablemente, mucha gente ve a la adopción como el "Plan B" dentro de la construcción de una familia. Pero la adopción no es el "Plan B". Cuando Dios guía a una familia a adoptar, es el "Plan A" para esa familia.

Preguntas de Reflexión

Esto es así porque la adopción es el "Plan A" de Dios cuando Él construye a Su familia. Nosotros que somos hijos de Dios hemos sido adoptados y estamos en pleno proceso de adopción. Nuestra adopción ya ha comenzado y los trámites terminaran cuando por fin lleguemos al cielo.

El famoso teólogo puritano, John Owen, dice, "La adopción es el traslado autoritario de un creyente, a través de Jesucristo, desde la familia del mundo y de Satanás a la familia de Dios, con su investidura en todos los privilegios y ventajas de esa familia". ¡Él la llama "el manantial y la fuente" de la cual fluyen todas las otras bendiciones de las cuales disfrutamos en Cristo![13] Joel Beeke nos explica, "La adopción es lo que hace posible la satisfacción y se convierte en el trabajo supremo de la gracia en el análisis final. Por lo tanto, la adopción es al mismo tiempo el medio por el cual entramos a la familia de Dios y el resultado de la misma".[14]

Otro teólogo, Sinclair Ferguson simplifica aun más el tratado de John Owen y nos ayuda a entender exactamente cuánto se asemeja la adopción de un huérfano a nuestro hogar al Evangelio. Hay cinco cosas que ocurren dentro de una adopción: "(1) la persona primero pertenece a otra familia; (2) hay una familia a la cual no tiene ningún derecho de pertenecer; (3) hay un traslado legal y autoritario de un familia a otra; (4) la persona adoptada queda liberada de todas las obligaciones legales que venían con la familia de la cual vino; (5) y por la virtud del traslado, queda investido con todos los derechos, privilegios, y ventajas que vienen con la nueva familia".[15]

¡Este es el Evangelio! Todos somos niños adoptados, y son pocas las actividades humanas que muestran al Evangelio de una

---

[13] Versión original: John Owen, *Communion with God,* The Works of John Owen, ed. William H. Goold (reprint ed., Edinburgh: Banner of Truth Trust, 1967), 2:207

[14] Versión original: Joel Beeke, *The Quest for Full Assurance: The Legacy of Calvin and His Successors* (Carlisle: Banner of Truth, 1999), 180.

[15] Ibid., 180.

manera más efectiva que la decisión de adoptar a un huérfano y de darle todos los derechos de un miembro de la familia. ¡Pocos Cristianos se toman el tiempo de pensar sobre el hecho de que Dios hubiese podido salvarnos de nuestros pecados sin tener que adoptarnos y sin darnos todos los derechos, privilegios, y ventajas que vienen con ser parte de Su familia siendo herederos al lado de nuestro Hermano Mayor, Jesucristo!

El Efecto Santiago 1:27

Todos los Cristianos deberían emocionarse de la posibilidad de tener una manera práctica y efectiva de mostrar Santiago 1:27 en sus vidas, de vivirlo—literalmente "visitando a los huérfanos" mostrando misericordia y amor Cristiano. Cuando una pareja Cristiana adopta, se comprometen a una "visita" de toda la vida a un huérfano.

La adopción requiere de trabajo duro. Cuesta. Requiere de tiempo. A veces es una montaña rusa emocional. Adaptarse a una nueva vida con padres adoptivos es muchas veces difícil para el niño/a y quizás incluso desilusionante para los padres adoptivos. Pero es aquí donde un debe esforzarse. La adopción requiere de las mejores habilidades de "visitar" de los padres. Requiere de un gran compromiso, pero es una manera maravillosa en donde una pareja y/o familia pueden trabajar juntos como un equipo para mostrar en carne y hueso como es la religión pura y sin mácula.

En conclusión, quisiera decir que la adopción normalmente es una alegría tremenda y un placer satisfactorio para los padres adoptivos. No creo que padres deberían adoptar sólo para satisfacer sus propias necesidades, por ejemplo, tratando de hacer desaparecer el dolor de la esterilidad. Este motivo está mal y muchas veces llega a traer desilusión severa. No obstante, no debemos olvidar que incluso Dios nos adoptó por el puro placer de tenernos y de amarnos y de ser una familia. De la misma manera, nosotros tenemos el derecho de esperar que la adopción de un niño/a a nuestro hogar sea realmente satisfactoria y enriquecedora.

Preguntas de Reflexión

Siendo el pastor de muchas familias adoptivas y siendo el padre de dos hijos adoptados, yo realmente he podido ver la alegría profunda y duradera que Dios da a las familias adoptivas, al igual que a los niños adoptados, a través de esta maravillosa transacción legal. Ha habido padres de niños propios, nacidos de ellos mismos, que me han comentado que la emoción y la alegría de tener a un niño/a a través de la adopción es la misma que sienten al tener un hijo/a propio/a. un padre dijo que en muchas maneras es aun más emocionante porque toda la familia se comprometió a la adopción y trabajó mucho y oró y dio hasta que por fin pudo realizarse. Estas familias han descubierto que la adopción no es el "Plan B" para formar familias; es el "Plan A". ¡Las familias de ambos tipos de familias, con hijos propios y con adoptados, son providencialmente una familia ante Dios!

¿Jesús vale más dentro de nuestras vidas que sólo aquel giro Cristiano que le damos al sueño americano? ¿Nos atrevemos a convertirnos lo suficientemente radical como para buscar tener una religión pura y sin mácula? Si es así, las directivas son claras. Nadie puede escapar de las implicaciones de Santiago 1:27. Nuestro Dios y Padre adoptivo espera un sólo tipo de religión de nosotros—una que visita a huérfanos y a viudas y que se guarda sin mancha del mundo.

Quizás Dios no te está guiando a adoptar a un huérfano, pero tal vez tú puedas comenzar orando a diario por aquellos que ayudan a los huérfanos. Tal vez tú puedes servir a los indefensos convirtiéndote en un padre adoptivo o ayudando económicamente a una devota familia Cristiana que está en pleno proceso de adopción. Sea lo que sea que escojas hacer, nadie puede decir que no existen huérfanos a quienes ayudar. Nadie puede decir que no hay necesitados desesperados. Ningún Cristiano puede esquivar a Santiago 1:27.

Apéndice Cuatro: Preguntas de Reflexión

Prólogo y Capítulo 1: En el Principio

1. ¿Acaso un Dios de amor tiene el derecho de enviarnos a un lugar donde nos encontramos en total y completa miseria? Haz uso de personajes bíblicos para fundamentar tu respuesta.

Capítulo 2: ¡Liberia, Aquí Vamos!

1. ¿Qué aspectos les parecieron particularmente emocionantes a Mark y/o a Nancy durante su primera gestión en el servicio misionero?
2. ¿Había algo malo con estas cosas buenas?

Capítulo 3: El Alboroto del Arroz

1. En retrospectiva, ¿deberían haber anticipado Mark y Nancy que habrían problemas políticos serios en Liberia?

Capítulo 4: Una Guerra no tan Civil

1. ¿Cuándo fue que la guerra resultó ser más "real" para Mark y Nancy?
2. ¿Por qué pensaron los Sheppard que la guerra terminaría después del asesinato del Presidente Doe?

Capítulo 5: Refugiados

1. ¿Crees que Mark y Nancy estaban muy seguros de ellos mismos al entrar a trabajar con los refugiados?
2. ¿Qué aspectos hicieron que el trabajo con los refugiados sea particularmente difícil para Nancy?
3. Lee el Apéndice 2. ¿A cuáles de los ídolos estaba adorando Nancy? ¿En cuáles de los salvadores/refugios estaba buscando seguridad?

Capítulo 6: La Confrontación

1. ¿Por qué crees que los amigos y parientes de Nancy se encontraban reacios de animarla a que regrese al trabajo con los refugiados?

2. ¿Crees que Mark o Nancy entendieron completamente las consecuencias que resultarían del desafío de Mark a Nancy, cuando él le dice que ella debe decidir si va a regresar o no al trabajo con los refugiados? ¿Puedes pensar en alguna circunstancia en tu vida cuando solamente al volver a pensar en lo sucedido, recién te diste cuenta de la importancia de dicho momento para ti o para tu familia?

3. El esfuerzo consciente que hizo Mark para agradar a Nancy, y el esfuerzo consciente de ella para agradarlo a él, aumentó el amor dentro del matrimonio. Mujeres casadas, ¿alguna vez hicieron un esfuerzo consciente para aumentar el amor que demuestran en su matrimonio?

Capítulo 7: Heidi

1. ¿De qué manera mostraba Nancy ser feminista?

2. ¿Por qué algunas mujeres sienten culpa o se sienten insuficientes cuando pasan la mayoría de su tiempo cuidando a sus propios hijos? ¿Qué cambio en la manera de pensar puede eliminar esta perspectiva errónea de ser madre?

Capítulo 8: Sorprendida por el Poder de la Oración

1. ¿Por qué Bloléquin era la ciudad en donde Nancy menos quería vivir? ¿Alguna vez Dios te ha pedido que hagas algo que era realmente difícil?

2. ¿Qué uso Dios para mostrar a Nancy Su poder para responder a la oración?

Preguntas de Reflexión

3. ¿A quién le da gracias Nancy por tener el deseo de convertirse en una mujer de oración? ¿Esto elimina la responsabilidad humana?

Capítulo 9: El Vaciamiento

1. ¿A qué pregunta quería Nancy una respuesta de una vez por todas?
2. Después de que Nancy fue confrontada por Dios en relación a su orgullo en diferentes áreas, ¿qué responsabilidad tenía Nancy? ¿Hubiera sido suficiente que ella solamente confiese su sentimiento de culpabilidad?
3. ¿Por qué es tan difícil dar gracias por las cosas negativas? ¿Alguna vez has tenido dificultad de obedecer el mandamiento que nos dice que, "Demos gracias en todas las circunstancias"?
4. ¿En qué manera Nancy se asemejó a Jonás de la Biblia? ¿En qué manera Nancy se asemejó al mártir de 1 Corintios 13:3?
5. ¿Qué lección aprendió Nancy sobre cómo es el amor en la vida real, a través de su relación con Susanna y Eugene?
6. ¿Por qué decía Nancy que ella era una "adicta a la afirmación"?
7. ¿Por qué le gustaba a Mark que Nancy deje de buscar afirmación?
8. ¿Por qué se sintió Nancy como si estaría en una rueda para hámsteres durante su primera gestión en servicio misionero?
9. ¿Alguna vez has experimentado cómo se siente que Dios vaya quitándote tesoros de la vida para que tú logres encontrarlo?

Capítulo 10: Enamorada

1. ¿Puede una persona servir a Dios sin amarlo?
2. ¿Puede una persona amar a Dios sin servirlo?

Las Confesiones de un Corazón Transformado

3. ¿Qué buscaba Nancy que en realidad solamente podía encontrar en Dios?

Capítulo 11: Buenas Noticias

1. ¿Por qué los misioneros llamaban a su programa de evangelización "Operación Andrés"?

2. ¿De quién dependían los misioneros y los miembros de la iglesia cuando salían a hablar a otros sobre Cristo? ¿Alguna vez te has encontrando en una situación parecida, donde te diste cuenta de tu total dependencia en alguien?

Capítulo 12: Paciencia

1. ¿Fueron Mark y Nancy insensatos al decidir llevarse a sus hijos lejos de los Estados Unidos y todas las oportunidades que ofrece?

2. ¿Cuál fue la tentación más grande de Nancy mientras ella enseñaba a sus hijos en casa? ¿Cuál es tu mayor tentación con respecto a los niños en tu vida?

3. ¿Por qué crees que era importante que Nancy se disculpe con Nathan y con el Señor cuando ella se sentía impaciente?

Capítulo 13: Mamá

1. ¿Por qué decidieron Mark y Nancy regresar a África, a pesar del tumor cerebral que tenía la mamá de Nancy?

2. ¿Qué actitud que reflejaba al Señor mostró la mamá de Nancy con respecto a la muerte?

3. ¿Cómo se asemeja la muerte de un Cristiano con un nacimiento?

4. Dios proveyó todo lo que Nancy necesitaba durante este tiempo difícil en su vida. ¿Has visto a Dios proveer de una manera especial durante la muerte de un amigo o pariente?

Preguntas de Reflexión

Capítulo 14: La Creación de un Hombre

1. ¿Por qué Nancy decía que Mark era rico y que se enriquecía más y más cada día? ¿Tuviste tú alguna oportunidad para aumentar drásticamente tus propias riquezas celestiales?
2. ¿Qué cosa buena sucedió como resultado de la intensidad del asalto? ¿Alguna vez la desesperación te ha llevado a que hagas algo similar?
3. Nancy escribe indicando que una de las razones por las cuales Mark era el "hombre perfecto para el trabajo" era porque él estaba acostumbrado a meterse en problemas cuando era joven. ¿Alguna vez has visto a Dios utilizar una debilidad, un defecto o un pecado pasado para sorprendentemente abrir las puertas hacia una nueva oportunidad?

Capítulo 15: Convirtiéndome en la Hija de Sarah

1. ¿Cuál es la diferencia entre sumisión y veneración?
2. ¿A qué le tenía miedo Nancy? ¿Tienes tú miedos parecidos?
3. ¿Cuál fue el resultado inesperado del respeto aumentado que tenía Nancy por Mark?
4. ¿Mark tomó por sentado este cambio en la vida de Nancy, cómo ella había temido? ¿Por qué si o por qué no?

Capítulo 16: La Prueba de Fuego

1. ¿Sobre qué tema estaba predicando una serie de sermones el pastor de la iglesia de Karen?
2. ¿Por qué estaba Karen consternada?
3. ¿Qué chiste le encontró Nancy a la situación? ¿Por qué?
4. Dios se encargó de los detalles para conseguir la casa que necesitaba Nancy, y luego para Karen también. ¿Has experimentado algo similar antes?

5. ¿Cuál es el versículo bíblico clave para el Principio del Tesoro? ¿Qué significa?

6. ¿Estás de acuerdo con Nancy que el trabajo de purificación que hizo Dios en la vida de Karen y en su propia vida es uno que Él quiere hacer en la vida de todos?

Capítulo 17: Por Fin de Vuelta

1. ¿Cuál era el sueño de Mark?

2. ¿Por qué se sorprendieron Mark y Nancy del tiempo tan oportuno de su viaje de tres semanas dentro de Liberia?

Capítulo 18: La Trampa se Cierra

1. ¿Por qué se estaba pidiendo a ciudadanos extranjeros que se vayan de Liberia?

2. ¿Qué aspectos lastimaron profundamente a Mark y Nancy? ¿Alguna vez te encontraste en una situación en donde te sentías impotente? Si fue así, ¿cómo lidiaste con esa situación?

Capítulo 19: Las Actualizaciones

1. ¿Cuál era la raíz de los celos de Nancy?

2. ¿Qué carga sentía Mark que era suya y no de Nancy? ¿Alguna vez has estado en una situación en donde tener mucha información sobre algo- información que no te competía saber- era lo que causaba tu intranquilidad mental? ¿Qué hiciste al respecto, si es que hiciste algo? ¿Alguna vez has "descargado" información sobre alguien de una manera inapropiada?

Capítulo 20: Cosas Tontas

1. ¿Por qué la culpa se asentó sobre Liberia "como una nube negra y gruesa"?

2. ¿Era la condición espiritual imposible de arreglar?
3. ¿Qué honor dudoso tenían Mark y Nancy? ¿Tuviste tú alguna vez un honor dudoso como el suyo?

Capítulo 21: Merri

1. ¿En qué condición estaba Merri cuando Melodie la encontró?
2. ¿Por qué cambió Nancy la manera de escribir el nombre de Mary, a Merri?
3. ¿Qué evidencia tenía Nancy que Dios había cambiado su corazón y le había enseñado como amar? ¿Alguna vez has estado contenta de ver evidencia parecida a la que vio Nancy en tu propia vida, viendo cómo Dios arregló las cosas?
4. Según Efesios 1:3-6, ¿Qué posición asume el Cristiano frente a la familia de Dios?
5. Lee el Apéndice 3. Según Santiago 1:27, ¿Qué dice Dios que es una "religión pura y sin mancha"?
6. ¿Estás de acuerdo que el "Sueño Americano" está distorsionado?

Capítulo 22: Los Hechos de la Vida

1. En tu cultura, ¿hay alguna desconexión similar entre las relaciones sexuales y el matrimonio? ¿Entre matrimonio y el parto?
2. Según 1 Corintios 6:15-18, el pecado sexual es diferente a todos los otros pecados. ¿De qué manera?
3. Si una esposa cree que su esposo no merece respeto, ¿cómo puede cambiar su visión?
4. ¿De qué manera las relaciones sexuales son un acto de servicio Cristiano?

Capítulo 23: Tomando la Gracia

1. Según 1 Corintios 10:13, ¿Qué nunca permitirá Dios? ¿Alguna vez te preguntaste si Dios estaba cumpliendo lo que se propuso hacer?

2. ¿Cuál fue la solución al dilema de Nancy? ¿Cuáles son algunas maneras prácticas que podamos aplicar ese principio a nuestra vida diaria?

3. Nancy estaba emocionada de poder tener electricidad en la ciudad. ¿Viste alguna vez a Dios proveer "gracia" de una forma muy práctica?

Capítulo 24: Veneno de Ratón

1. ¿Por qué Mark se sentía irritado con la respuesta que le dio Nancy cuando le preguntó sobre el veneno para los ratones? ¿Era válido su argumento?

2. ¿Por qué Nancy se sentía irritada con la pregunta de Mark? ¿Era válido su argumento?

3. Nancy menciona que se sentía resentida al ser "molestada" por Mark. ¿Alguna vez te has sentido de esa manera cuando alguien cercano a ti te habló sobre algo en lo que fallaste?

4. Según Filipenses 2:5-8, Jesús se humilló a sí mismo en diferentes maneras. ¿Cuáles son estas maneras? ¿Por qué nosotros no buscamos ser humildes en situaciones que ni siquiera son tan graves como las de Cristo?

5. Nancy llegó a la conclusión que la raíz de la pelea entre ella y Mark era el orgullo. ¿Qué propone ella para que en el futuro puedan evitar llegar a tal extremo?

Capítulo 25: Preston

1. ¿Cuál era la relación entre la familia Sheppard y Preston?
2. ¿Cuál era el pecado que acosaba a Preston?

Preguntas de Reflexión

3. ¿Crees que Preston pensaba que en algún momento lo iban a atrapar y que luego iba a sufrir consecuencias serias? ¿Por qué sí o por qué no?

4. ¿Que versículos bíblicos leyó Nancy por casualidad que le ayudaron a prepararse para ir al Ministerio de Justica? ¿Qué oración la ayudó?

5. ¿Qué sorpresa le esperaba a Nancy en el Ministerio de Justicia? ¿Alguna vez te han acusado falsamente?

6. ¿Que hizo Nancy después de que la mayoría de la gente salga del Ministerio de Justicia? ¿Por qué?

Epílogo:

1. Nancy dice que, "Es una paradoja bíblica: cuando escogemos a Dios, estamos escogiendo lo que es mejor para nosotros. Como corolario de esto, cuando escogemos a Dios, también estamos escogiendo lo que es mejor para nuestros hijos." ¿De qué maneras has visto esta paradoja y su corolario en tu propia vida o en la vida de alguien que conozcas?

2. ¿Qué han recibido los hijos e hijas de Mark y Nancy como resultado del trabajo misionero de sus padres?

3. ¿Qué ha recibido Nancy?

4. ¿A qué "ídolos" ha estado adorando Nancy sin darse cuenta? (Revisa el Apéndice 2).

5. Según Nancy, ¿por qué tuvo dificultades cuando no podía ver lo que Dios estaba haciendo?

6. ¿Cuál fue la conclusión final de Nancy?

Bibliografía

Bennett, Arthur (Editor), *The Valley of Vision,* Carlisle, PA, The Banner of Truth Trust, 2005.

Dillow, Linda, *Creative Counterpart: Becoming the Woman, Wife, and Mother You've Longed to Be,* Nashville, TN, Thomas Nelson, Inc., 2003.

Dillow, Linda and Pintus, Lorraine. *Intimate Issues*, Colorado Springs, CO, Waterbrook Press, 1999.

Featherston, William, "My Jesus, I Love Thee," Music: Adoniram Gordon, 1864.

Livingstone, David and Lopez, Faye Springer, "Lord, Send Me Anywhere," Greenville, SC, Musical Ministries / Majesty Music, 1978.

Nicholson, Martha Snell, "Treasures," Chicago, IL, Moody Press, 1952.

Peace, Martha, *The Excellent Wife: A Biblical Perspective*, Bemidji, MN, Focus Publishing, 1999.

Priolo, Lou, *Getting a Grip; The Heart of Anger Handbook for Teens*, Merrick, NY, Calvary Press Publishing, 2006.

Priolo, Lou, *Pleasing People,* Phillipsburg, NJ, P&R Publishing, 2007.

Torrey, R. A., *The Power of Prayer: And the Prayer of Power*, Grand Rapids, MI, Zondervan, 1987.

www.ingramcontent.com/pod-product-compliance
Lightning Source LLC
Chambersburg PA
CBHW031345040426
42444CB00005B/194